嵐

ARASHI Chronicle 2010→2020

太陽出版

プロローグ

2014年9月19日・20日（現地時間）――かつてデビュー発表イベントを行った思い出の地ハワイで、デビュー15周年記念コンサート『ARASHI BLAST in Hawaii』を開催した嵐。

『ファンのみんなは国立競技場を嵐の〝聖地〟と呼ぶけど、メンバーにとってはハワイこそが聖地であり〝原点〟』

――15周年当時、そう語っていた松本クン。

この言葉は、松本クンのみならず、嵐メンバー全員の想いだったに違いありません。

あれから5年経ち、栄えある〝デビュー20周年〟を迎えた嵐の5人ですが、残念ながら今年12月31日をもって活動休止に入り、〝嵐第一幕〟はいったん幕を下ろします。

来るべき〝嵐第二幕〟の幕開けを前に、デビューから今までを振り返って、これまでの〝嵐ヒストリー〟をお届けしたいという思いで制作されたのが、この『ARASHI Chronicle』シリーズです。

前作『ARASHI Chronicle 1999→2009』に続き、第2弾となる『ARASHI Chronicle 2010→2020』では、2010年から2020年までの貴重な〝お宝エピソード〟や〝知られざるエピソード〟、そして嵐の5人が語った〝フレーズ〟をたっぷり収録。

2010年からの〝嵐の10年間〟を年代ごとに、まるごと1冊に収録した内容となっています。

ご挨拶が遅くなりました。

スタッフ嵐です。

かつて我々スタッフ嵐は、テレビ界、音楽業界、芸能界……といった、いわゆるギョーカイ関係のネットワークを駆使して、嵐と交流のある現場スタッフ、交友関係などに取材を敢行し、嵐の側近スタッフから集めた〝とっておきのエピソード〟を収録した『嵐エピソードBOOK』を世に送り出してきました。

この本は、それらの『嵐エピソードBOOK』に収録されていたエピソードの中から厳選してお贈りする当時のエピソードと、嵐5人が当時語ったフレーズから、2010年からの嵐を振り返る〝嵐メモリアルヒストリーBOOK〟です。

どのエピソードも〝当時の嵐〟がよくわかる貴重なエピソードばかり、嵐の身近にいる側近スタッフだからこそ知っている〝嵐5人の素顔〟が満載です。

第1弾の『ARASHI Chronicle 1999→2009』と併せてご覧いただければ、デビューから今までに嵐が歩んできた道程を再び辿ることが出来ます。

2020年12月31日にやって来る活動休止を前に、懐かしい〝あの頃の嵐〟そして〝今の嵐〟の姿を、胸に刻んでいただければ幸いです――。

目次

ARASHI Chronicle

嵐2010

相葉クン、目指すは超一流！

～『嵐にしやがれ』舞台ウラエピソード～

4月24日から日本テレビ系でスタートした、嵐の新番組『嵐にしやがれ』。

初回から17・3％の好視聴率を記録し、スタッフさんには金一封が出たらしい……な～んて話もチラホラ。

「とにかく、ムチャクチャな番組だよね！

当日、本番が始まるまで、トークのゲストが誰かわからないなんてさ……」

事前の番宣番組やテレビ情報誌で告知されたこともあってか、巷でも〝いったい、どんな番組になるの!?〟

……って話題騒然、ウワサになりまくりの『嵐にしやがれ』は、注目の〝新バラエティナンバー1〟。

ただメンバーたちは――

「〝どんな番組になるの!?〟……って、俺たちのほうが聞きたいよ!」

――毎回、スタジオ入りするたびに寿命が縮む思いで大変そう。

「『VS嵐』のサプライズゲストも、誰が現れるのかドキドキするけど、基本、〝6人目の嵐〟だから味方じゃん?
でも『嵐にしやがれ』のゲストは、〝敵〟まではいかなくても〝味方じゃない系〟だもんね」

――相葉クン独特の言い回しだけど、こういう表現をするのにはワケがある。
それは相葉クンが〝師〟と仰ぐ志村けんサンから、かつてこんな話を聞かされたから……。

「結構前、志村サンと飲んでるときに、いろんな番組の話になったんだ。
そのとき、志村サンが――
『俺はゲストを招いてトークするだけの番組は受けない。
トークは一種の〝戦い〟だから、そこには笑い以外の感情が生まれてしまう。
俺は生涯、笑いだけを追求していきたいから』
――って言ってたコトがあって、チョ～感動したんだよ!」

――大先輩の志村サンからそんな貴重な話が聞けるなんて、相葉クンは幸せだね。

「だから俺も、
〝もしトーク番組の仕事を受けたときは、
自分のスタンスをキチンと確立させたい〟――って思ってて。
ただ、ぶっちゃけ俺にトーク番組の依頼が来るなんて、そのときは思ってなかったけど」

――〝俺に〟は来なくても、『嵐』には来ちゃったワケか。

ちなみにこんなコトを言ってたときには、当然〝2回目のゲスト〟に志村サンがいらっしゃるコトは知らなかったし、しかもフジテレビの番組以外では初めて披露する〝バカ殿〟メイクを、志村サンだけじゃなく、嵐全員でやらせてもらえるなんて想像もつかなかっただろう。

「まぁ進行は翔チャンに任せて、
ツッコミは松潤、リアクションはニノ……みたいな分担で。
もちろん俺も頑張るし、新しいキャラを作っていきたい」

――しかし、そんな意欲満々の相葉クンの前に、番組がスタートする直前、ある〝大きな壁〟が立ち塞がろうとしていたのだ！

～それは『嵐にしやがれ』の収録が始まる少し前のコト～

ちょうど〝『嵐』ウィーク〟に向け、相葉クンが『天才！志村どうぶつ園』で一番仲が良いスタッフさんと、打ち合わせをしているときの話だった。

「そういえば『しやがれ』のウワサ、結構回ってるよ」

「し、しやがれ？」

「あっ、ごめんごめん！『嵐にしやがれ』のコト、ウチ（日本テレビ制作部）の中で『しやがれ』って呼ばれてっから、つい」

「〝つい〟……じゃないでしょ！『しやがれ』だけじゃ、誰の番組かわかんないじゃん！てかその前に、『嵐』を略すか？」

――こんな軽口を叩き合いながら、相葉クン自身がスペシャル番組で使う〝過去のロケ名シーン〟を選んでいると……

「でもホント、思ってるよりも大変だと覚悟しといたほうがいいよ」

――いきなり真剣な顔で、スタッフさんがプレッシャーをかけてくるではないか。

「6月いっぱいには終わるとはいえ、9時台のドラマが『怪物くん』だろ?
相乗効果で両方とも視聴率が良ければいいけど、
万が一、逆の結果が出たら〝叩かれ方〟もハンパないぜ」
「わ、わかってるよ……」

——確かにスタッフさんが危惧するように、まるで日テレは、〝4月クールは『嵐』と心中〟とでも言わんばかりの、過去に例を見ない番組編成を組んできた。

「フツーに考えると、日テレさんは、
〝土曜日の夜は『嵐』だけで楽しんで〟
……って言ってるみたいだもんね。
プレッシャーを感じると同時に、逆に申しワケなさすぎる気持ちもある……」

——しかしスタッフさんからのプレッシャーは、実はこれだけにとどまらなかった。
いや、むしろ次のひと言のほうが、相葉クンに与えた衝撃は大きかったのだ。

「ウチも全局挙げて、一流どころのスタッフ集めたから、嵐次第で（視聴率的には）なんとかなると思うけど」

「い、一流？」

「たぶん、相葉クンも相当刺激を受けるよ」

「い、一流……いち……流」


――スタッフさんが言ったこの〝一流〟というフレーズが、なぜ、相葉クンの心に突き刺さったのか？

それにはやはり、あの方のひと言があった……。


「相葉、まわりから〝あの人は一流だから〟なんて言われるスタッフと、喜んで仕事すんなよ。

誰が一流かなんて関係ない！

〝お前が一流の仕事をするコト〟が、何よりも大事なんだからな」

「はい！　肝に銘じます！」

あるとき、志村サンにそうアドバイスされた相葉クン。

〝志村けん〟という超一流のタレントでありコメディアンと、こんなにも深い関係を築けるなんて……。

相葉クンはいつも、今の自分が置かれている環境を神様に感謝していた。

「でも、あのセリフは、教えと同時に、
俺は〝まだ一流じゃない〟って、ビシッと引き締めてくれたっつーか、
愛のムチだったんだよね！」

――考え方や感じ方、一流のタレントとして必要な要素を、少しずつでも着実に身につけていた相葉クン。


「一番の夢は、志村サンと番組で共演したとき、

『お前も一流になったなァ～』――って言ってもらえるコト。

でも、志村サンと一緒にいればいるほど、

〝一流〟って呼ばれるために必要なモノとか足りないモノが、

〝どんだけ多いねん！〟って思い知るだけだけどさ」


――そう話す相葉クン。

「だからホ～ント、最近やたらと〝一流〟って言葉に敏感だったんだよね」

――スタッフさんのひと言を受けて相葉クンが反応した理由は、ここにあったんだね。

「今はまだ自信がないし、

『嵐にしやがれ』の1周年記念ぐらいで、志村サンにはゲストで来てもらって、

『お前もずいぶん、一流に近づいたな』

……とか言われたい」

――えっ？〝一流になった〟じゃなくて〝近づいた〟でいいの!?

「うん。だってそんな簡単に一流になったら、ホメられるの1回だけじゃん？

徐々に近づいたら、何度もホメてもらえるから！」

――なるほど……相葉クンも考えたね（笑）。

「でしょ！　だからみっちり、1年は頑張んないと」

……って言ってた相葉クンだけど、結局それがまったく予想もしなかった〝第2回放送分のゲスト〟で

志村サンが登場しちゃったワケだけど。

「人生長いし、俺はいつまでもこの世界にいるからさ！
日本中、いや世界中のファンに、
〝相葉雅紀は超一流〟
——って言ってもらえるまで、
いろんなコトをやれるから、楽しみすぎる!!」

あれから10年——

相葉クンも、そして嵐も、日本を代表する〝超一流〟の国民的アイドルになった。
そして相葉クンはこれからもずっと芸能界という世界で、さらに上を目指して、いろんなコトにチャレンジしていってくれるに違いない。
そんな相葉クンを〝師匠〟の志村サンも、頼もしく思いながら見守ってくれているだろう——。

『嵐ツアー』の裏コンセプトは〝世界一の箱根駅伝〟

～『ARASHI 10-11 Tour』バックステージエピソード～

「一昨年、アジアツアーのファイナルで、
『国立霞ヶ丘競技場』のステージに、2Daysで立たせてもらって以来、
今年で3年連続であの場所に立てるだなんて……。
しかも去年が、アーティストとして史上初の3Daysだったのに、
今年はさらに上回る4Days。
毎年1Daysずつ増えて、なんだか自分たちのコトじゃない、
〝どこか別次元の世界にいる嵐さん〟
……の話に感じるよ」

――まさに〝狐につままれた〟ような表情で松本クンが話すのは、『ARASHI 10-11 Tour』のことだ。

8月21日・22日、9月3日・4日の、『国立霞ヶ丘競技場』4Daysから始まり、ツアーのラストとなる2011年1月16日の、『福岡Yahoo!JAPANドーム』までの約5ヵ月間、全国を回るツアー。

「『国立霞ヶ丘競技場』の4Daysと5大ドーム、
計16公演で86万人のファンの方に見てもらえるなんて、
この喜びをどう表現していいかわからない」

――すべてが記録づくめのツアーだから……という意味じゃないけど、松本クンや他のメンバーの気合いの入り方は、外から見ていてもハンパじゃない。

「内々に話を聞かされたのは、今年、まだ結構寒かった頃だったんだけど、
マジで5人全員、一気にヒーターにスイッチが入った!」

――冬だけにヒーター……ってウマいコト言うけど、それだけ気合いが入ったってコトだよね。

〜それはフジテレビ系『VS嵐』の収録スタジオでのコト〜

「嵐のツアーって、何か〝マラソン〟みたいに感じる！」
「マラソン？」
――そこには、何やら話し込む櫻井クンと松本クンがいた。

「最初の年はハーフマラソンの大会に出て、
次の年はその経験を生かしてフルマラソンに挑戦した。
舞台が舞台だけに、
〝さすがにこれ以上はないだろ〟と思っていたら、
今年は100kmマラソンを走らされるハメになった……みたいな」
「さすが翔クン！
そのたとえ話、今までで一番、心に刺さったよ」

この日、ゲームセットの転換やゲストリハーサルの合間に、櫻井クンがメンバーと離れて本を読んでいると、

「ここにいたんだ！　今、ちょっと話せるかな？」

――櫻井クンを探し歩いたかのように現れた松本クンは、

「良かった！　翔クンと話したかったんだよね」

――ホッとした顔でそう言うと、〝ようやく〟といった感じで笑顔をこぼした。

「なんだよ、何悩んでんだ？」

「わ、わかる!?」

「人の顔見てそんだけホッとしたら、誰だって〝何かあったな？〟って思うだろ」

――松本クンの辞書には、〝ポーカーフェイス〟の文字はありません（苦笑）。

「じ、実はさ……」

――松本クンが話したところによると、ちょうどこの直後、嵐の『国立霞ヶ丘競技場』4Daysからスタートする『10-11 Tour』の情報が解禁されるにあたって……

「正直、どんどん怖くなってきたんだ……」

――松本クンは、大きな不安を抱えていたという。

「カッコ悪いけど去年以上のアイデアも出てこないし、
何をやっていいのかイメージも浮かばなくて……」

いつも松本クンが中心になって、ツアーのコンセプトや演出プランを考えてきたけど――

「4日間とか、スケールがデカすぎるよ!」

――〝果たして今回のアイデアがウケるのか?〟……準備が動き出し、次第に形になりつつある
今だからこそ、

「〝俺のやっているコトはコレでいいのか?
今ならギリギリ、大胆な変更もきくんじゃないか〟
……どうしても翔クンに聞きたくて」

――駆け込み寺のように、櫻井クンを頼ってアドバイスをもらいにきたのだ。

それに対し、櫻井クンが言った〝マラソン論〟——

「心の持ちようだけど、

〝ハーフマラソン〟を走れた自信が〝フルマラソン〟につながり、

〝フルマラソン〟を走れた自信が〝100kmマラソン〟につながる。

最終的には地球一周マラソンだろうとなんだろうと、

積み重ねてきた努力が結果を出してくれるんだよ！

俺たちの場合は」

——櫻井クンの言葉に、松本クンの表情も少しずつ明るくなってきた。

「そうだよね！」

「でも、もっと大切なのは、〝箱根駅伝〟じゃね？

……ほら、後ろ！」

——そこには大野クンと相葉クン、二宮クンの3人が立っていた。

「箱根駅伝?」

――〝箱根駅伝〟とは、毎年正月に行われる駅伝で、東京・読売新聞東京本社前から箱根・芦ノ湖までの往復約220㎞を、各チームの代表ランナー10名でたすきをつないで走る大学駅伝のコト。

「チーム全員でたすきをつなぐ『箱根駅伝』みたいに、世界一のチームワークで、俺たち5人、力を合わせて、最高のパフォーマンスを見せればいいんだよ!」

「み、みんな……」

――恥ずかしくて普段は口にできないけど、「いざというときの〝想い〟は、みんな同じなのだ」……と改めてそう感じた松本クン。

「イヤ〜っ、今さらだけど、頭数だけでも5人いるありがたみを感じるね!」

「いつもの松潤毒舌、復活じゃん」

――もう大丈夫、松本クンの顔から悩みは消えた……と、思ったら、

「あっ！　た、大変だ‼」

――新たな悩みが相葉クンから持ち上がったのだ。

「何区何区？　誰が何区走るの？」

――は、はい⁉

「〝花の2区〟とか、〝山登りの5区〟とかあるんでしょ？
俺、できれば控え目に、3区とか4区あたりがいいな！
ねぇねぇ、みんなは⁉」

――ビミョ～な空気が、5人の周囲を包む……。

「あ、相葉クン」

「何区か決まった?」

「それ、今大事かな⁉」

――相葉クンの天然ぶりはともかく、松本クンの悩みは解決したみたいだし、今年のコンサートツアーの裏コンセプトは〝世界一の箱根駅伝〟でイケる?

嵐なら、箱根駅伝のように、5人でたすきをつないで力を出し合って、最高のステージにしてくれるハズ。

だってそれが〝嵐のチームワーク〟!

〝5人の絆〟だもん‼

『大野智30歳までにやり遂げたいプロジェクト』

～大野クン、オフタイムエピソード～

11月26日、いよいよというか、ついに〝30歳〟の誕生日を迎える大野クン。

「俺が嵐のメンバーで初めて30代になるワケじゃん？
すぐあとに続く翔クンや相葉チャン、ニノ、松潤のためにも、
〝お手本になる30歳の迎え方〟をしなきゃならないよね」

――〝30歳〟という節目の年齢は、ジャニーズ事務所のアイドルのみならず、芸能界の男性アイドルにとっては単にキリが良いだけの意味ではなく、〝アイドル生命に関わる〟最も大きな節目と言ってもいい年齢だ。

「要するにアレだよね？
20代と30代じゃ世間に与えるイメージが違うし、
10代から活躍しているアイドルは、デビュー15周年とかになるもんね。
そう考えたら〝アイドルの30歳〟って、かなり古びた感じがするかも」

――ふ、古びたって、自分自身のコトでしょ⁉?

「俺？　いやいや俺はまだ、一本釣りで上げたばかりの鰹みたいにピチピチだよ」

――〝30歳〟という年齢がアイドルに及ぼす最も大きな影響は、それまでにいかにスムーズにイメージチェンジを図れているか、〝大人の男〟として新境地を切り開けているか。

「任せてよ！
俺は30歳になっても、40歳になっても、
〝『嵐』の大野智〟として、ファンのみんなに夢を見させるから‼
そういう意味で言えば……〝永遠のアイドル〟かな！」

――しかしこのとき、ウラ舞台では、大野クンと櫻井クンの意外なやり取りが繰り広げられていたのだ……。

～ある日の『VS嵐』収録スタジオ～

「智クンさ、女子アナの〝30歳定年制〟って知ってる?」

「えっ!? さ、30歳が何の定員なの?」

「定員じゃなくて〝定年〟!

女子アナは毎年新しい人が入ってくるから、

〝30歳になったら現場から離される〟って話だよ」

――最近ではあまり言われなくなったけど、確かに一時期、テレビ界では、30歳になった女子アナが現場から異動させられるのがフツーになって、〝異動するか、独立してフリーになるか〟を迫られるような風潮があった。

でも、なんで櫻井クンはそんなコトを言い出したのだろう。

「智クンもさ、あと半年で30（歳）じゃん！

ちょっといろいろ、考えなきゃならないんじゃね」

「い、いろいろって……

あっ！ま、まさか!! 定年、嵐から定年!?」

「は、はいっ？」

「それとも異動!? 30歳になったから『カミセン』あたりに」

「なにバカなコト言ってんだよ！」

「バカなコトって、翔クンが匂わしたんじゃん!!」

――匂わしたというか、櫻井クンは会話のきっかけにしたかっただけでしょ。

「ご、ごめん！そういうつもりじゃなくて、
30歳になるまでの間に、いろいろと済ませておきたいっつーか、
智クンなりにやり残したコトとか、あるんじゃないかと思ってさ。

もしあるなら、俺やメンバーで何か協力できないかなァ～って」

「えっ！そ、それはスゴすぎる!!」

「題して……『大野智30歳までにやり遂げたいプロジェクト』!!」

――力を込めて大野クンにそう宣言した櫻井クン。

確かに嵐の5人にとっては、メンバーが30代に突入するのは初めてのコト。

ゆえに――

「とにかくみんなで祝ってみて、〝未知の領域をのぞいてみようぜ〟って!

智クンが20歳になったときは俺ら全員10代だったから、

酒飲んだりパーティーしたり、考えられなかったじゃん?

でも今回はみんな立派に成人してるから、結構何にでも対応できるもん」

――ただ単に大野クンの誕生日を祝うのではなく、

「〝特別な30歳〟には〝特別なサプライズやフォロー〟をしてあげよう」

……ってコトだね。

「どうよ？　何をやり遂げたい？」

「きゅ、急に言われても……」

「少しぐらいは〝30（歳）までにやっておきてぇ～〟みたいなさ、フツーはちょいちょい考えたりしてるもんじゃん」

「そ、そうなの？」

「そうだよ」

——櫻井クン、あまり難しいお題を出しちゃダメじゃない（苦笑）。

「う～ん……」

——ほら、悩み始めちゃった。

でも、しばらくして……

「あった！」

——何か思いついた大野クン。

「〝ひとり焼肉〟に〝ひとりカラオケ♪〟

あと……〝ひとり釣り船貸し切り〟!」

「は、はい!?」

「〝ひとりフレンチ〟とか、ドキドキしそうだね!」

「……あ、あのさ、智クン」

「はいはい」

「全部簡単に1人でやれるコトばっかりで、俺やメンバーがバックアップする意味ないじゃん」

――まぁ確かに、どうせ〝ひとり○○〟をやるにしても、焼肉やカラオケはハードルが低すぎるし、そもそも30歳の記念にしては寂しすぎるでしょ(苦笑)。

「結局やり遂げるのは1人だとしても、多少は一緒に分かち合いたいじゃん」

「そ、そうだよね」

「だからもうちょっと、〝みんなも絡めつつの難しい感じのヤツ〟……でお願いします!」

「む、難しいヤツ……」

――さて、どうすればいいのだろう……30歳を目前に考え込む大野クンだった。

～数日後～

「翔クン翔クン！　俺、決めたよ!!」

――『VS嵐』の収録スタジオで顔を合わせるなり、興奮した様子で櫻井クンのもとへ駆け寄る大野クン。

「き、決めた？」

「そう！　30歳までにやりたいコト！
みんなで盛り上がれるコト、調べたんだ！」

「……あぁ～っ、ハイハイハイ」

――てか完全に忘れてたね、櫻井クン（爆）。

「そうしたら〝バチェラーパーティー〟っていうのがあって！」

「ば、バチェラーパーティー!?」

「〝バチェラーパーティー〟って、
なんか〝仲間内で超盛り上がって記念日を迎えるパーティー〟らしいから、
嵐にピッタリだと思わない？」

「そ、そうだね……」

「やった！」

うれしそうに笑いながら――

「翔クンなら、わかってくれると思ったんだ!!」

――大喜びの大野クン。

「……」

――ところがなぜか、櫻井クンの表情は冴えない。

櫻井クンが複雑な表情をしている理由、それは……

「さ、智クン……

〝バチェラーパーティー〟ってのは、

〝独身最後の夜にバカ騒ぎする〟アメリカの習慣だよ……」

――30歳とはまったくカンケーないんだから（笑）。

……っていうか大野クン、せっかく嵐みんなでお祝いするんだから、もっと他に〝30歳までにやり遂げたいコト〟あるでしょ？　何か見つけてくださいな（笑）。

〝東京ドームで絶対叶えたい〟大野クンの夢

～『ARASHI 10-11 Tour』バックステージエピソード～

『国立霞ヶ丘競技場』4DAYSからスタートした『ARASHI 10-11 Tour 〝Scene〟～君と僕の見ている風景～』。

「ツアータイトルに、アルバムのタイトル（『僕の見ている風景』）が入っているんだけど、そのアルバムがドームツアーに出る直前で〝ミリオンセラー〟になったじゃない？嵐としては初めてのミリオンだし、こんなにうれしくて気合いの入るツアーはない！」

――松本クンが言う通り、オリジナルアルバム『僕が見ている風景』は、10月18日付けオリコンチャートのアルバム部門で100万枚を突破！ しかもシングル、アルバムを通じ、今年発売されたCD作品で初めてのミリオンセールスを記録した。

さらに、オリジナルアルバムとしては、KinKi Kidsの『A album』以来、ジャニーズ史上2作品目のミリオンという快挙も達成した。

「このところ、オリコンランキングではいろんな賞をいただいているけど、
オリジナルアルバムのミリオンは格別の想いがする！
だって〝今の俺らの音楽〟が支持された証拠だもん」

――10月29日に幕を開けたドームツアーも、年内は『京セラドーム大阪（3公演）』、『札幌ドーム（2公演）』、『東京ドーム（3公演）』、『ナゴヤドーム（2公演）』と続き、最終日は2011年1月16日、『福岡Yahoo！JAPANドーム（2公演）』までの計12公演を駆け抜ける。

「スタッフに聞いた話では、今回のツアーでは86万人ものお客さんが見に来てくれるんでしょ？
そのお客さん全員がどの席にいても大満足してもらえるツアーにしなきゃいけないし、
その自信を持って臨むつもり」

――『東京ドーム』では今年、SMAPが通算動員1千万人を記録しているけど、
「俺たちもいつか、SMAPの記録を超えられるように頑張らなきゃ!!」

――常に高い目標、高い意識を持つ嵐が、記録という記録すべてを塗り替える日は、そう遠い未来じゃない。

……って、こ〜んなカッコイイ滑り出しで始まったこのエピソードだけど、カッコイイだけで終わるハズないいんだよね（爆）。

「今回の『東京ドーム』は絶対、俺の夢を叶えるから！」

——5大ドームツアーに向けてのリハーサルが行われていた、深夜のリハーサルスタジオ。

構成のチェックをしている松本クンの横で、何やら神妙な顔つきで話す大野クンと櫻井クンがいた。

「いろいろ道具は用意するつもりなんだ！」

「道具って？」

「ヘチマ！」

「へ、チマぁ〜〜っ!?」

——思わず大声を上げる櫻井クン。

「2人とも、さっきから何ゴチャゴチャ言ってんだよ！」

——そんな2人に、仕事の邪魔をされた松本クンが怒る。

「ごめんごめん、気にしないで」

「気になるでしょ、完全に」

——真夜中の作業で疲れもピークだった松本クンがイラつくと、

「こっちだって大事な話なんだよ！」

——大野クンもムッとし始めちゃった。

するとと松本クンもムキになったのか――

「〝大事〟ってどんな話？」

――作業の手を止め、輪に入ってくる始末。

「え～っと、困ったな……そんな大げさな話じゃないんだけど……」

――間に挟まれた櫻井クンは、いかにも気まずそうです。

しかも、櫻井クンの言ったひと言で……

「翔チャン！　〝大げさな話じゃない〟って、どーゆーコト!?」

――なんだか、さらに面倒な流れに（苦笑）。

ここはちゃんとイチから、大野クンに説明してもらいましょうか……。

「な、流しっこ!?」

――大野クンから話を聞き、思わず大声を上げて驚く松本クン。

「うん、〝東京ドーム〟だからこその企画でしょ?」

「そ、そう言われればそうだけど……
銭湯の洗い場じゃねーんだし」

「何言ってんだよ!
コレぞまさに絆、〝男同士の裸と裸のつき合い〟じゃん!!」

大野クンが櫻井クンに語っていた夢……
それは今回のドームツアー、『東京ドーム』でのコンサートが終わった後に――

「5人が縦一列に並んで、背中の流しっこをしたい!」

――というコトだったのだ。(↑それでヘチマですか)
それにしても、もう少し詳しい状況を櫻井クンよろしく!

「コンサートが終わった後って、だいたい、大きな会場に付いてるシャワールームで汗を流すんだ。でも5大ドームのうち『東京ドーム』だけが、仕切りのない、大浴場みたいなシャワールームになってんの」

——1988年に開業した『東京ドーム』は日本最初のドームスタジアムで、5大ドームツアーを開催する中で最も新しい『札幌ドーム（2001年開業）』に比べると、13年も早くオープンしている。よって内部の設備もひと昔前というか、ところどころ古きよき時代の名残が残っていて、〝仕切りのないシャワールーム〟はその典型みたいなモノなのだ。

「俺らもたまにネタにするけど、相葉クンとかササッとシャワー浴びてピュ〜ッて出ていっちゃうんだ！まぁメンバーみんなシャワーは早いっちゃ早いけど、智クンはそれを——『せっかくだから一列に並んで背中を流しっこして、より親交を深めたい』

——って言うんだよね」

「5人だと輪になるのは難しいけど、30秒ごとに向きを逆にすれば、端の2人もちゃんと背中を流せるし、なんとなくいいじゃん！」

——なるほど、そういうワケですか。

「〝今日はお疲れさん、いいパフォーマンスだったな！〟
〝ありがとう！〟
……みたいな会話もできるでしょ！
いけない？　そんな夢‼」

――もちろん、いけなくはないけど……。
でもその話を聞いた松本クンは黙りこくっちゃってるし、決して賛成しているようには見えないよ（汗）。

「どうよ、松潤？」

「……」

――ほ〜ら（苦笑）。

ところが――

「いいい！　いいよ、それ‼」

――へっ⁉

「確かにリーダーの言う通り、〝絆〟を感じる！」

……そ、そうなんだ。

「東京ドームが3ヵ所目なのが残念なぐらい！
ドームツアー最初の大阪からやってもよくね？」

「さすが松潤！」

「リーダー!!」

――ガッチリとハグし合う2人。

「松潤も協力してよ！　俺、背中を流すヘチマ持ってくるから！」

「じゃあ俺、チョ～泡が出るボディシャンプー探してくる！」

「香りはフローラルでね！」

さて、大盛り上がりの（2人だけ？）背中の流しっこだけど、果たして東京ドームで〝大野クンの夢〟は実現したのでしょうか……？

ARASHI Chronicle 2010-2020

嵐2011

紅白初司会成功の裏に〝あの先輩〟アリ

〜『紅白歌合戦』初司会エピソード〜

2010年『第61回NHK紅白歌合戦』の司会を、初体験ながら見事に務め上げ、内外から絶大なる評価を得た嵐(紅組司会・松下奈緒)。

プレッシャーをはねのけ、ベテラン司会者でも一度や二度はミスをしてパニックになると言われる大仕事を成功させたのは、外部にはわからない努力をメンバーが惜しまなかったからに他ならない。

「やっぱり初体験だから、思いつくコトは、全部やっておきたかったんだ!」

――今だから笑顔でそう言える櫻井クンだけど、そのキンチョーが徐々に高まる大本番の1週間ほど前から……

「キンチョーして食事がのどを通らないって、ホントにあるんだね!」

――な〜んて体験もしたというから、嵐のメンバーも人間だったんだなぁ〜と驚きだ。

「そりゃそうでしょ!
いくら俺たちが5人いるからって、5回も6回も司会をしている中居クンじゃないんだし!」

NHKのアナウンサー以外では、過去6回、最多の司会経験を誇るジャニーズ事務所の先輩、SMAPの中居正広クン。

そりゃあ、中居クンのような度胸やテクニックは簡単には身につかないだろうけど、身近に中居クンのような素晴らしいお手本がいるんだし、わからないコトがあれば遠慮なく尋ねればいい。

「前日の全体リハーサルの後、中居クンが声をかけてくれて、いろいろとアドバイスをもらったんだ」

——おっ！ さすが先輩。

「でも最後に、
『『紅白歌合戦』の本当のスゴさは、終わってからわかるから覚悟しろ』
——って言われて、
ぶっちゃけみんなでガクブルだったよ！
確かに終わってからドッと疲れが来たけど」

——それじゃあ去年を振り返って、中居クンからもらったアドバイス、さっそく皆サンにお話ししちゃってもいいかしらん。

～『第61回NHK紅白歌合戦』の本番前日に行われた〝全体リハーサル〟でのコト～

「どんなコトやってんの?」

――中居クンにこう聞かれた嵐のメンバー。

実はそれまでのリハーサルでも顔を合わせていたんだけど、なぜかこの日に限って……というかようやく、メンバーに声をかけてきてくれた中居クン。

「どう? キンチョーしてんじゃねぇか? で、司会の準備は整ってんの?」

「じゅ、準備ですか!?」

「出る歌手の楽曲を、全部ミュージックプレイヤーに録音して聴いてます」

「そんだけ!?」

「もちろん皆さんのプロフィールも、頭に入れてます」

「ふ～ん」

――中居クンの様子に冷や汗ダラダラのメンバー。

すると……

「違うんじゃね?」

「えっ?」

「〝音楽聴いたり、プロフィール覚えたりするだけで、いい司会ができる〟と思ってんなら、今すぐに、司会を辞退したほうがいいぞ!」

「じ、辞退……」

——まったく想像もしていなかった、中居クンのひと言。

「(め、めちゃめちゃ重いんですけど……)」

——これまでに『NHK紅白歌合戦』の司会を6回も務め、芸能界では〝『紅白歌合戦』の司会といえば中居正広〟と呼ばれる中居クンのセリフは、メンバーの心にザクッと突き刺さる。

「どうなんだよ?」

……早くここに〝な〜んちゃって〟的なオチが欲しいところだけど、中居クンの表情はますます厳しくなるばかりだった。

「お前たちのやってるコト、100%ムダだとは言わないよ。
でも、曲やプロフィールを知るコトは、司会者としては当たり前中の当たり前だから。
そんなの準備とは言えないだろ!」

――痛いトコロを突いてくる中居クン。

「それよりまず、白組を見渡してみろよ。
直接知らない人や初対面の人もいるだろ?
プロフィール読んでるヒマがあったら、積極的に話しかけて仲良くなってこい!
司会者はみんなの味方、白組の出場者はライバルじゃないんだから」

――中居クンの言葉に、目からウロコが落ちる嵐の5人。

「そうなんだ!
白組が一丸となって戦うためには、俺たちが〝壁〟を作っちゃいけないんだよね!」

――中居クンのこのひと言で気づかされた5人は、それぞれが積極的に白組出場者のもとへ。

「前日と当日の2日間しかなかったけど、中居クンのおかげで白組がまとまった！
だから勝てたんだ！」

――さすが『紅白』司会経験者の中居クンのアドバイスは、嵐5人に大きな力を与えてくれたみたい。
嵐が『紅白歌合戦』の司会を見事にやり遂げるコトができたのは、こうした周りからのサポートがあったからだったんだね。

こうして『紅白歌合戦』初司会でひと回りもふた回りも成長した嵐の5人は、この年から2014年まで5年連続で『紅白歌合戦』白組司会という大役を見事に務め上げたのです――。

大野クン、札幌で大暴走
～『ARASHI LIVE TOUR〝Beautiful World〟』エピソード～

2011年7月24日の『京セラドーム大阪』を皮切りに、札幌、名古屋、福岡の4大ドーム、そして史上初を更新する、4年連続の『国立霞ヶ丘競技場』のビッグツアーに挑んでいる嵐。
唯一、野外の『国立霞ヶ丘競技場』は、台風12号の接近で日程が変更になったりしたけど、今回のツアーも前半戦からファンの皆サンを熱狂させる、大盛り上がりのツアーだったよね。

「来年（2012年）の1月まで続くロングランのツアーだけど、
前半（大阪、札幌、東京）と後半（大阪、名古屋、福岡）の間が3ヵ月空くから、
逆にそれぞれ準備期間がタップリと作れるじゃん！
特に大阪は2回行くし。
〝嵐のビューティフルなワールド〟を見せられると思うよ」

――大野クンってば、ツアータイトルに掛けてウマいコト言うじゃない（笑）。

「でも今回、合間に翔クンのドラマが入ったり、それぞれが新しい刺激を持ち寄って集まれるから楽しみなんだ！　こういうパターンの経験はあるけど、大阪みたいに前後半とも回れるってなかったじゃん？　おトクだよね、大阪のお客さん」

……というか大野クン、一部のウワサによると、オープニングの『京セラドーム大阪』が終わった途端――

「ヤベぇ！　次の大阪の打ち上げの店、予約しなきゃ‼　来年の正月だよな？　開いてる店って、たくさんあんのか⁉」

――って、遊ぶコトばかり考えて大騒ぎしていたらしいじゃん。

「えっ⁉　い、いや、そんな、ち、違うって！　うん、か、カン違いだよ！　俺はメンバーやスタッフ、みんなの幸せを考えて、あれやこれやと……ヤダなァ～あはははは……」

――慌てすぎ。
てか、札幌での暴走ぶりを見る限り、誰にだってわかるでしょ……。（↑何があったの⁉）

〜7月24日の『京セラドーム大阪』からスタートし、1週間後の30日、31日と札幌にやって来た嵐〜

「お疲れさまでした!」

——この日、その初日を終えると、『札幌ドーム』の楽屋で簡単に打ち上げを済ませたメンバーは、数名のスタッフさんと一緒に反省会を兼ねた食事に出かけた。

訪れたのは札幌にある某有名寿司店『S』。

グルメな芸能人なら必ずといっていいほど訪れたコトがあるお寿司屋さんで、

「やっぱ北海道は貝の本場だな! このホタテとか、デッカいのに味がぎゅっと凝縮されてるもん」

「確かに! 魚介類ってデカすぎると大味のイメージがあるけど、コレはまったく違うね」

——いかにも満足そうな櫻井クンに、二宮クンが笑顔でうなずく。

とはいえ、舌鼓を打ちながらも、

「今日のMCどうでした?」

「あそこのソロさ、もうちょっと引っ張ってもいいんじゃね?」

——リハーサルだけでは予想できなかった、本番だからこそ見える課題について、真剣に語り合っていたのだ。(↑さすが!)

ところが、宴もたけなわとでも言おうか、お寿司を食べ始めて1時間ぐらいすると──

「それマジ？ ウケる！ チョ〜ウケる!!」

「だろ!? ギャハハハハ〜！」

──ぶっちゃけ下品でオッサン臭い内容のトークが、櫻井クンたちのマジ話を大声でジャマし出すではないか。

「そこ！ そこの人たち!! うるさいよ！」

──たまりかねた松本クンが半ギレで怒鳴る。

ちょ、ちょっとちょっと、大丈夫なの!?

他のお客さんにそんなコト言っちゃって……と思ったら、

「あい、とぅいまてぇ〜ん！」

「リーダー返し、古っ！」

「さすが30代」

──なんと騒ぎの主は大野クンと相葉クンではないか。

「リーダーもちゃんとさ、反省会しようぜ」

「反省会？　ジョーダンじゃない！」

「えっ!?」

「俺と相葉チャンだけ、仲間ハズレ的なポジションにいるんだもん！
飲まなきゃ、やってられるか!!」

――さてここで、メンバーのポジションについて説明しよう。

カウンターに並んで座っているメンバーの中で、反省会で積極的に発言している櫻井クンと松本クンは、横一列のほぼ真ん中に座り、スタッフさんも意見を聞くためにその隣に。

仮に、櫻井クン・松本クン・スタッフAサン・スタッフBサンの順で座っているとして、櫻井クンの隣に二宮クン、そしてスタッフBサンの隣に大野クン・相葉クンのポジションだと頭の中に思い浮かべて欲しい。

すると、どうしてもスタッフBサンの外側は、会話の中心からハズれるコトが多くなり、自然と大野クンと相葉クンだけで固まるコトになる。

コレが、大人数で高級お寿司屋さんのカウンターに座ったときに起こる〝離れ小島の法則〟だ。

「相葉チャン、俺らは俺らで楽しもうよ！」

「そうだね」

「どうせスタッフさんが払うんだから、高い日本酒飲んで盛り上がろう」

「乗った！」

――やや、すね加減の大野クンと相葉クンがこう思ったって、誰が2人を責められるだろうか（涙）。

「イエ～イ、酒も寿司もバカウマイ！」

――反省会を横目に見ながら、2人だけで盛り上がる大野クンと相葉クン。

「北海道は？」

「でっかいどー！」

――このダジャレが出る人は、完全に悪酔いコースだもん。

「（だ、ダメだな……）」

「（うん。酔っ払って寝るまでおとなしくなんない）」

――そんな2人を前に（横に）、他人のフリをするしかない櫻井クンたちだった。

「相葉チャ～ン!! オゴりで飲む酒は、美味しいねぇ～！」

「ねぇ～!!」

ますます盛り上がり、暴走超特急と化した2人。

しかし超特急で突っ走った分、酔いが冷めて急停車するのも早かった。

だって……

「あれっ？」

――あまりの酔っ払いぶりにみんな呆れ、いつの間にか2人を置いて帰っちゃったんだもん。

「……お、おあいそは⁉」

「大野先輩、ゴチになります！」

「エェーーー‼」

超高級お寿司屋さんの、7人分（嵐＋スタッフさん分）の食事代。

本家『ゴチになります』も真っ青の金額を見れば、大野クンがどれだけ酔ってても正気に戻るワケだわ（爆）。

櫻井クン&相葉クンの〝こんなの初めて〟な男2人旅
～『ひみつの嵐ちゃん！』オフオフエピソード～

8月25日に放送されたTBS系『ひみつの嵐ちゃん！』で、櫻井クンが――

「いや、何気に12年の歴史の中で〝ベスト3に入るレベルの企画〟だった！」

――こう言って笑顔で振り返るのが、『V．I．Pリムジン特別編 嵐の男2人旅 俺の千葉で翔チャン初めての夏休み』企画だ。

皆サンも見てくれたとは思うけど、見逃した方がいらっしゃるかもしれないので改めて解説すると、この週はいつもの『V．I．Pリムジン』コーナーを、〝嵐が嵐を接待する〟形式にして、櫻井クンに――

「こんなの初めて！」

――と、ことごとく言わせるため、相葉クンがプロデュースする特別編。

「本気で感激するシーンばっかりだった！
〝しらすのペペロンチーノ〟以外は（笑）」

――櫻井クンも振り返って改めて感激する〝2人旅〟は、相葉クンが自分の地元でもある千葉に櫻井クンを招待し、夏休みの思い出にしてもらおうというコンセプトだったよね。

そもそも、櫻井クンと相葉クンが、たった2人っきりでどこかに出かけるコトからして初めてなのに、東京の待ち合わせ場所から2時間半かけて、ミニキャンピングカーが向かった先は〝ザ・ディープ・千葉〟。

まず館山市の相浜漁港で、櫻井クンの大好物の貝料理を贅沢な昼食としていただくと、次に向かった豊岡海岸を貸し切りのプライベートビーチにし、20種類のマリングッズで大騒ぎ。

プライベートではこれも初めてとなる、相葉クンの手料理〝しらすのペペロンチーノ〟を振る舞ってもらった後は、今までの嵐としての12年間を振り返り、〝一番ツラかった仕事〟〝一番怖かった仕事〟や〝将来の夢〟などを、ジックリと語り合った2人。

そこで飛び出した櫻井クンの名言が――

「将来の夢が〝今〟!
Jr.の頃になりたかった将来を、今叶えている!!」

――だったよね。

「いやいや、思い出すと恥ずかしいわ!
ああいう特別な環境にいたから言えたセリフだから。
あんなの飲んでる席で言ったら、
〝お前、自分に酔ってんのか?〟
……ってまわりにツッコまれるっしょ」

――その後は、海の塩と砂を洗い流してサッパリするために露天風呂へ。
最後は九十九里の太平洋に沈む夕陽を見ながら、嵐の5人で作詞した『5×10』を2人で聞いて、
思わずグッと来て込み上げた涙から、オチの花火で締めくくり。
初めてづくし、ディープな千葉の夏休みはこうして終わった。

「でもさ、他のメンバーには詳しい内容は言わないで、〝絶対見て〟って言ったんだけど、
ニノからすぐにクレームが来たんだよね」

――クレーム!?

「『翔チャン、何ダマされてんの！
相葉サンの地元って●●（千葉県の西の方ね）だから、
同じ千葉っていっても、実家から館山に行くだけで1時間半とかかかるんだぜ？
たとえば八王子が東京都だからって、
俺（二宮クン）が〝八王子を地元だ〟って言うのと変わんねーし』……って。
まぁ、言われてみりゃそうだけどさ」

――てか、それって二宮クンのヤキモチなんじゃない!?
あまりにも2人が楽しそうだったから。

二宮クンがクレーム(?)をつけるぐらい、メンバーですら嫉妬してしまうほどおもしろい〝2人旅〟だったけど、実はそのウラに、櫻井クンが……

「それだけはイヤ!」

——と拒否した企画もあったらしいよ。

果たしてそれ、どんな企画だったんでしょ?

〜それは櫻井クンを乗せたミニキャンピングカーが走り出して、しばらくしてからのコト〜


「翔チャン！

フツーに首都高から京葉道路に入るのと、
アクアライン回るの、どっちがいい⁉」

「どっちって、どっちがいいの？」

「いや、それは翔チャンの気分で」

「気分って言われても、いきなり千葉に連れていかれるんだから、俺にはわかんないよ」

——〝相葉クンはいきなり何を言い出すのだろう？〟と、ちょっと戸惑う櫻井クン。

しかし相葉クンは、

「う〜ん、どーしよっかなぁ〜」

「エェーっ！　今さら迷ってるワケ？」

——出発するとき、

「この日のために入念な打ち合わせと準備を重ねてきた」

——と言っていた相葉クンなのに、なんだか様子がおかしい。

「道に迷ったの？」

「ちょっとね……」

「いやいやいや、俺は何されるかわかんない恐怖に怯えてんのに、そりゃないでしょ」

――なんせテーマが〝こんなの初めて〟だもんね。

結果はともかく、いくら櫻井クンでも、出発したての段階では不安がいっぱいに決まってる。

すると相葉クンが突然――

「翔チャンと俺って、何度か〝連れシ●ン〟したコトあるじゃん？」

――さらにとんでもないコトを言い出すではないか！

「だから厳密に言うと、連れショ●は〝初めて〟になんないんだよなぁ……」

「ななななな、何言ってんだ！　バカじゃね!!」

――〝連れ●ョン〟とは、ちょっと言葉が汚いけど、男同士が並んで用を足すコトです（笑）。

「でもさ、スッゴいんだよ！　『海ほたる』のトイレは‼

目の前が窓になってて！　チョ〜開放感と絶景だぜ！」

――東京湾アクアラインの真ん中にあるパーキングエリア『海ほたる』。

相葉クンによると、そこの男子トイレで……


「海に向かって、櫻井クンと一緒にションをンする」


――というアイデアがあるみたい。

「〝そんな場所で連れ●ョンしてみたい〟……と思わない？」

――そう言うと、櫻井クンの反応をうかがう相葉クン。

「初めてじゃん！　海を見ながらの連れショ●‼」

――実は相葉クン、櫻井クンさえよければ〝ぜひ企画に加えたい〟と、密かに温めていたというのだ。

「確かにそんな〝絶景の連れ●ョン〟は初めてだわ……」

「でしょ⁉」

――〝コレはイケるかも〟と、一瞬喜んで身を乗り出した相葉クンだったけど……

「〝でしょ〟じゃないでしょ！
そもそも〝連れシ●ン〟であろうがなかろうが、
アイドルがテレビで〝ジョン●ンしている姿〟を映せるか」

――当然、120％却下です。

「とにかく、企画は相葉クンに任せるけど、キレイにいこうよ、キレイに」
「キレイ？　景色はキレイだよ、マジで」
「もういーわ！」

――櫻井クンに完全に拒否され、ガックリと肩を落とす相葉クン。
「画期的なのに……」

――まぁ確かにせっかく考えた企画だけに、相葉クンが諦めきれない気持ちもわかるけど……って、
最初からムリに決まってるでしょ！
〝アイドルが連れシ●ンする企画〟なんて（笑）。

松本クンをやる気にさせる〝28歳最強伝説〟

～松本クン&大野クン、オフタイムエピソード～

「最初はフツーに〝28歳かぁ～〟ぐらいにしか思ってなかったんだけど、あるスタッフさんに、〝28歳最強説〟っていうのを聞いて、かなり胸を打たれたんだ！」

――8月30日、28歳の誕生日を迎えた松本クン。

今年は当日が『国立霞ヶ丘競技場』のコンサート本番ではなかったけど、

「ありがたいコトに毎年、この時期にツアーがあるからね！満員のお客さんに誕生日をお祝いしてもらえるのは、〝うれしい〟のひと言だよ」

――やっぱり大盛り上がりの誕生日になったんだね。

「俺、芸能界で一番幸せ者だもん」

――と言う松本クンだけど、実は9月4日の公演(台風の接近により延期になった2日の振り替え公演)だけじゃなく、前の日に行われた3日の公演も、中止もやむを得ないほどの悪天候で、本来ならば5人一斉にフライングで登場する演出も断念。会場での通しリハーサルもできない状況だった。

それでも――

「俺ら5人と14万人のファン、そして何百人のスタッフ、全員の気持ちが1つになって信頼し合えたから、素晴らしいコンサートができたと思う!
俺は今回のコンサートを、あえて……
『14万何百5人で作り上げた作品』
――って呼びたい」

――今年の『国立霞ヶ丘競技場』のコンサートも、嵐らしい、嵐にしかできないライブになって、ホントに良かったよね。

「特に今は、ありがたいコトにメンバーの仕事がそれぞれ忙しくて、
みんな揃ってリハーサルに集中する時間もほとんどなかったけど、
心の準備は怠っていないから。
『国立競技場』に懸ける気持ちは俺ら、誰にも負けない！
4年連続と言わず、
できれば40歳になっても50歳になっても、
『嵐』でいられる限りは連続記録を続けたい！
〝贅沢だ〟って怒られちゃうけど」

――それが国立競技場でのコンサートに懸ける松本クン、そして嵐メンバーのアツい想い。
ところで松本クン、さっきの〝28歳最強説〟ってなんなの？

〜ある日の『嵐にしやがれ』収録スタジオ〜

「リーダー、ちょっといいかな?」

――この日、嵐唯一の30代の大野クンに、話を聞いてもらおうと声をかけた松本クン。


「俺、もうすぐ誕生日じゃん」

「金か!? プレゼントのリクエスト?」

「そうじゃなくて!

あのさ、今度の誕生日で28(歳)になるワケ」

「もうそんな歳か。10年前は17とか18だったのに」

「(完全スルーして)実はこの前、あるスタッフさんと酒を飲んだんだけど、
そのときに、ちょっとおもしろいコトを聞いてさ!

経験者のリーダーにも話を聞いてみたいんだよね」

冒頭にお話した〝28歳最強説〟、それはスタッフさんに言わせると――

「男も28歳になったら、（仕事の）実力がついているから、
デキる男は周囲に認められて、大人としての自由や主張が通るようになる。
すると思う存分に実力を発揮する環境が整って、
そこからが自分の一生を決める勝負の時期に差しかかる。
男にとって28歳というのは〝最強の時代〟になるし、ならなきゃいけないんだよ」

――というコトで、今、アイドル界の頂点にいる嵐だからこそ、その地位を盤石にするためにも、

「松本潤の28歳が重要になる」と、アドバイスを受けていたというのだ。


「俺的にはさ、別に28歳なんて〝単なる20代後半の1年〟としか思ってなかったんだ。

でもその話を聞いて自分に当てはめてみたら、そういえば……

〝今、自分から手を挙げれば、やりたいコトができる環境にいるんじゃないかな?〟――って。

だから聞いてみたいんだよ!

リーダーの28歳がどうだったのかを」


「俺の28？　俺の28は、２００8年から２００9年にかけてだよなぁ……」

大野クンがなんと答えるか、ドキドキしながら待つ松本クン。

その返答次第では、さらに背中を押される気持ちになれるからね。


「え〜っと」

「(ドキドキ)」

「う〜ん……」

「(ワクワク)」

「……」

「(そ、ソワソワ……)」

「………」

「(も、もしかして、尋ねる相手を間違えた!?)」

……と、不安になり始める松本クン(苦笑)。

するとしばしの沈黙の後、ようやく大野クンが口を開いた。

「そうだね!! そうかもしれない!」

——大野クンは自分の経験談を語り始めた。

「確かに28歳は俺も〝仕事の転機〟みたいな時期になったし、
28歳になる前あたりから、やりたいコトができてる実感があったもん！

だから28歳で作った財産が、それから先も役立ってるとは思う！」

「おォ〜っ、スゲェ！　やっぱそうなんだ‼」

――望む答えが返ってきて、興奮する松本クン。

「『FREE STYLE』って作品集を出せたのが2008年で、
まだ27歳ではあったけど、それから俺はノリ始めた」

「うんうん！」

「28歳になって『歌のおにいさん』の収録が始まった」

「初主演だよね！」

「アーティストとしての活動が認められて、ドラマの話が先につながった。

〝もし『歌のおにいさん』がなかったら、

『怪物くん』の話が来なかったかもしれない〟……って考えると、
松潤が言ったように28歳はホントに重要な1年だよ」

――身近で見てきた大野クンのセリフだけに、まるで自分のコトのように理解できる。

「〝28歳最強説〟っていうのは……

『28歳をきっかけに最強への道を進む』

――って意味なんだね！

もちろん27歳までだって頑張ってきたけど、さらにやる気が出た！

リーダーのおかげだよ！」


――そう言うと満面の笑みで立ち上がり、大野クンに握手を求める松本クン。


「ありがとう！　ありがとう！

いやマジ、リーダーのおかげ！」

「あ、うん、お役に立てて幸いです！」


――それにしても松本クン、ちょ～っとリアクションがオーバーすぎない？

何かウラがあるんじゃないの!?

「だって、大野クンでも〝最強〟だったんだから、
俺なら〝完璧〟だもん！
チョ〜自信ついた!!」
「どど、どーゆー意味じゃあぁぁぁああ！」

……それはもちろんジョーダンだけど（笑）。

大野クンの経験談でさらに自信をつけた松本クンが、どんな〝松本潤・28歳最強伝説〟を残してくれるのか——。

きっと松本クン自身が、一番楽しみにしてるだろうね！

〝ベストジーニスト2011〟のプライドが許さない!

～相葉クン〝ベストジーニスト賞〟エピソード～

「イヤ～っ、期待も予想もしてなかったから、最初に聞いたときは、ドッキリかと思ったよ!」

――2011年の『ベストジーニスト』一般選出男性部門に選ばれた相葉クンは、スタッフさんから受賞を聞かされた瞬間、本気で〝ドッキリ〟の隠しカメラを探してキョロキョロしてしまったという。

「だってジャニーズでも、
木村(拓哉)クン、草彅(剛)クン、(堂本)剛クン、
カメちゃん(亀梨和也クン)の4人しか選ばれてないし、
まさか5人目が俺だとは誰も思ってなかったでしょ(苦笑)。
もし〝『嵐』から誰が選ばれると思う?〟……とかアンケートを取ったら、
8割ぐらいの人が〝松潤〟の名前を挙げると思うよ」

〜相葉クンが〝ベストジーニスト〟に輝いた数日後〜

「おっ、松潤。
悪ィね、俺が取っちゃって(笑)」

――『嵐にしやがれ』の収録で一緒になった松本クンに、相葉クンがこんな軽口を叩いた。

「相葉クン……」

――てっきり松本クンから、

「ふざけんなコノヤロー」

――ぐらい返ってくると思っていた相葉クンは、

「(ま、松潤、マジに落ち込んでる!?)」

――うつむき加減でポツリと呟いた松本クンに、

「(どど、どうしよう!
俺がベストジーニストなんか取っちゃったから)」

――逆に心配で心配でたまらなくなってしまった。

しかし……

「俺、相葉クンが心配だよ!」

――むしろ〝心配〟しているのは、松本クンのほうだと言うではないか。

「な、ナニが?」

「木村クンがジーンズを何本持ってるか知ってる?」

「い、いや……」

「300本」

「へっ!?」

「草彅クンは500本。亀梨も400本持ってるんだぜ」

「おかしいんじゃないの!? みんな」

――ベストジーニストの先輩、木村クン、草彅クン、亀梨クンの所有するジーンズの本数を聞いて、思わず本音を漏らしてしまった相葉クン。

だが松本クンに言わせると……

「おかしいのは相葉クンのほうだよ」

「お、俺が?」

「〝ベストジーニスト〟って、そのぐらいジーンズを持ってるのが常識だぜ」

――らしいのだ。

「相葉クンもベストジーニストに選ばれた以上、少なくとも100本ぐらい持ってないと、恥ずかしいんじゃないかな!」

「ひゃ、100本!?」

「持ってないの?」

「いやいやいや、ちょっと待ってよ」

――簡単にジーンズを300本、400本、500本と言うけど、収納する場所はもちろんのコト、おそらく、1本何十万円もするヴィンテージジーンズもハンパな数じゃないだろうし、計算するのが恐ろしくなるぐらいの金額がかかっているに違いない。

「ムリムリムリムリ!　絶対にムリ!!」

――右手の指を〝1、10、100、1000……〟と折りながら、激しく首を振って拒否反応を示す相葉クン。

するとそんな相葉クンに向かって——

「ザ・プライド」

——再びポツリと松本クンが呟いた。

「ベストジーニストの〝ベスト〟の意味、わかってるよね」

「一番とか?」

「〝2011年、日本の有名人の中で、一番ジーンズが似合う男性〟に選ばれたんだぜ。その名誉に相応しいプライドがあるなら、ジーンズを100本や200本持っているのは、〝ベストジーニストとしてのプライド〟があるかないか……それと同じだよ」

まるで相葉クンを諭すように語る松本クンに、

「そ、そうなのかな……」

——相葉クンの凍てついた心が溶け始めた。(↑凍てついてはないでしょ)

「プライドか……うん、そうだよね！
俺、日本一になったプライドを持つべきだよね」
「当然！　しかも『嵐』で授賞したワケじゃなく、
相葉クンたった1人、オンリーワンの授賞だぜ」
「ナンバーワンよりオンリーワンか！」

――すっかりその気になった相葉クン。

「ありがとう松潤！
ちょっと俺、いいジーンズを、プライドに懸けて買い揃えてみるよ!!」

――しかし、相葉クンは知らなかった……

「木村クンが400本？
いや、テキトーに言って、相葉クンを煽っただけだから！」

――実はすべて、〝ベストジーニスト〟を取れなかった松本クンのイタズラだというコトを（爆）。

嵐5人で〝『花男』コント〟をやろうぜ！
～『紅白歌合戦』舞台ウラエピソード～

「2年連続で、司会をやらせてもらえるなんて、本当に光栄だよね！」

――2010年の初司会に引き続き、2011年も『NHK紅白歌合戦』の白組司会を務める嵐。

しかも今年の場合、紅組司会が井上真央チャンで、松本クンとの『花より男子』コンビ復活が、なんとNHKで叶ったのだ。

「いろいろな意見や見方はあるけど、
嵐が今みたいに、たくさんのファンの方に支えられるきっかけは、
やっぱり松潤が『花より男子』の道明寺司をやって、注目されてからだと思うんだ」

――2005年10月クールの『花より男子』、2007年1月クールの『花より男子リターンズ』、そして2008年6月公開の映画『花より男子ファイナル』の三部作は、主題歌の大ヒットを含め、間違いなく嵐の大ブレイクに大きな貢献を果たしている。

かつて二宮クンも、嵐の大ブレイクを特集した情報誌のインタビューで――

「松潤の『花より男子』から波が来た」

――と答えているし、その認識は残る〝松本クン以外〟の3人も同じ。

「……いやいや、『花より男子』は俺的には注目されたかもしれないけど、
たまたま時代のバイオリズムが嵐に合った時期と重なっただけで、
俺個人が大ブレイクを引き寄せたなんておこがましいよ」

――唯一、松本クン本人は、控え目に語るけどね。

「でも俺の代表作であるコトには間違いないし、
今回、井上真央チャンと嵐が司会コンビを組むのは、
偶然かもしれないけど『花より男子』の縁を感じる。
お互いに1stシーズンからは6歳も年を取ったけど、
この6年間にどれだけ成長したかを見せられると思うし、
相変わらず息が合うトコも見せたいね」

――そう話す松本クンも『紅白』本番に向けて、やる気十分だった。

～紅白歌合戦の出場メンバーも決まり、いよいよ本番まであと1ヶ月に迫った12月のはじめのコト～

「松潤、松潤」

――いかにも〝いいコトを思いついたんですけど〟スマイルを満面に浮かべ、二宮クンが駆け寄ってきた。

「紅白のネタとか、決まるのこれからでしょ？

俺、〝いいネタ〟考えたんだよね」

「ね、ネタ？」

――明らかに〝ネタ〟という時点であやしいんだけど、一応、聞くだけは聞いておかないと（笑）。

「嵐は5人いるからさ、『花男』の〝おとぼけ4人組〟できるじゃん」

「お、おとぼけ4人組……？　ま、まさか〝F4〟のコトか!?」

「そうそう、確かそんな感じの名前」

「どこをどうしたら、そう間違えるんだよ！」

――確かに（笑）。

「何なら俺が〝つくし〟のかぶり物をしてもいいけど」

「そ、それ、どういう意味？」

「道明寺がいても、〝牧野つくし〟がいなかったら成り立たないっしょ!

……〝『花男』コント〟」

「は、〝花男コント〟~~っ!?」

――二宮クンのプランでは花沢類を相葉クン、西門総二郎を櫻井クン、美作あきらを大野クンが演じ、もし井上真央チャンがOKすれば本人が、NGならば二宮クンが牧野つくしに扮して、

「ちょっとしたミニコント、やろうよ!」

――〝それを紅白で披露する〟というのがネタ（アイデア）だった。


「絶対にウケるから!」

「ないないない、紅白だぜ? NHKだぜ?」

「何で!? 絶対におもしろいよ!」

「そりゃそうかもしれないけど……」

――積極的に賛成するワケにはいかないけど、もし番組サイドから頼まれれば〝満更でもない〟雰囲気の松本クン。

「たとえばさ、〝10年後の『花より男子』〟みたいなコンセプトのコントはどうかな?」

「10年後!?」

「つくしと道明寺は一度結婚したんだけど、その頃には別れてる」

「マジかよ!」

「意外にもつくしは母校の先生になっていて、生徒にも人気があるんだ」

「そ、それで?」

「それが10年後に同窓会が開かれて、そこに行方不明だった道明寺が現れる。

しかも展開的に、もしかしてヨリが戻る?

……と思わせておいて、実は道明寺には、もうブラジルに奥さんと子どもがいるんだよね。

そこに花沢類が〝牧野は俺が幸せにする!〟って宣言して、再び宿命の戦いが始まる」

「ど、どっちが勝つんだ!?」


——いつの間にか二宮クンの話術に乗せられ、ワクワクしながら聞いちゃっている松本クン。


「それは本番でのお楽しみ!」

「エェーっ! そりゃねえだろ!!」

果たして、つくしが選ぶのは司か？　あるいは類か？

……って、真面目に考えてどうすんの！

「ま、コントにするにはちょっと長いし、紅白の舞台に相応しいかどうか、もう一度練り直す必要があるけどね」

「俺もちょっと今、思いついた！」

「いいじゃない！　アイデアちょうだいよ」

「10年後の設定は同じだけど……」

——残念ながら『紅白』の本番で〝花男コント〟はなかったけど、白組司会は2年連続で見事にやり遂げた〝おとぼけ4人組〟……じゃなかった、嵐の5人でした。

嵐2012

まさかの決断？ 相葉クン、健介ファミリーに入る

～『24時間テレビ35』舞台ウラエピソード～

「まさかまさかの元日とはね！ ぶっちゃけ、誰も予測してなかったでしょ！」

――今年の元日、日本テレビ系で放送された『今年もやります！恒例元日はTOKIO×嵐・嵐にしやがれ怪物番組を制覇スペシャル』の中で発表された、嵐にとっては3回目のメインパーソナリティを務める『24時間テレビ』。

「ていうかさ、まさかその半年後に〝新たなドッキリ〟が待っているとは思わなかったよ！ ちょっと俺、草彅クン（『FNS27時間テレビ』100㎞マラソン）に対抗して、〝100キロ走る気マンマン〟だったのに」

――何やらやる気マンマンをアピールする相葉クン。

ところで相葉クンの言う〝半年後のドッキリ〟って何のコト？

「誰になると思う?」
「相葉クンの1択でしょ」
「マジかよ! 翔チャン、それは勘弁して」
「ウソでもいいから〝任せろ〟ぐらい言えよ(笑)」

――6月2日に放送された『嵐にしやがれ 24時間テレビマラソンランナー 大発表しやがれ超緊急スペシャル』でのコト。

「何かさ、〝イヤ～な予感〟がして酸っぱい汗が流れっぱなし。
だって明らかに、演出がおかしかったもん」

――収録当日、スタジオは事前の情報漏れを防ぐため、関係者以外立ち入り禁止のシャットアウト。さらに嵐には一切知らされなかったうえに、『発表は中継で』の指示しか出ていなかったという。

「これ、どう考えてもメンバーの誰かが走るパターンだよね」

――収録が始まり、メンバーから「相葉クンだと思う」の声が上がったとき、ついノリで、

「走りましょう!」

――と言ったのは良かったけど、実際には足がガクブルだった相葉クン。

「メインパーソナリティをやった2回で、どんだけ大変か知ってるからね!
〝中継で発表〟っていうのが、またクサい!
〝ハンディ(カメラ)で誰か俺を狙ってんじゃね?
『中継先の○○さ〜ん』って翔チャンが言った瞬間、
モニターに映るのは俺の顔でしょ!?〟
……みたいな」

――さすがにそれは、被害妄想に近いかも(笑)。

「でも結果さ、〝健介サンファミリー〟で本当に良かった!
リレーでつないでゴールを目指すとか、想像したら泣けちゃうもん。
いいよね、俺も健介サンファミリーと走りたい!」

――あんまり不用意発言をしてると痛い目を見るんじゃないのかな? 大丈夫なの、相葉クン?

〜チャリティマラソンのランナーが、佐々木健介サンファミリーに決まってからしばらく後〜

「あっ！　北斗サン!!」

――日本テレビのスタジオで、バッタリと北斗サンに会った相葉クン。

「いろいろと聞きました！　食事もマラソンに備えて作ってるんですって？」

「そうだよ！　本気だもん」

「ビックリしましたよ！　まさか北斗サンがキッチンに立つなんて」

「おいコラ！　これでも子供2人育ててんだぞ（笑）」

「マラソン、よろしくお願いします」

「こちらこそ。よろしくお願いします」

「嵐にできるコトは、何でもバックアップしますんで」

「ありがとうございます」

――普段の北斗サンはご主人の健介サン含め、とても丁寧で穏やかな方。

だから相葉クンも、心から応援したくなる。

ただ、だからといって……

「何か俺、〝練習パートナー〟とかやりたいです」

「いえいえ、嵐さんはめちゃめちゃ忙しいですから」

「できればご家族と一緒に走りたいぐらいです！　走れないのがマジに残念で」

「本当ですか⁉」

「僕はそんなウソはつきません」

――軽口がすぎると痛い目に遭うんじゃない（苦笑）？

「一緒に走る方法、何かないかなァ～」

「ありますよ」

「えっ？」

「〝健介ファミリー〟になってくれればいいんです」

「なれるもんならなりたいなァ～」

「養子縁組すれば」

「は、はいっ⁉」

「いきなり長男になれますよ」

――もちろん北斗サンも、相葉クンのノリに合わせた冗談。

それなのに、つい……

「いいっスね！」

——とか、話を合わせる方向を間違えちゃったから大変だ。

「ウチの中華屋、弟が継ぐから大丈夫です！
俺が〝アイドルレスラー〟になってリングの上で歌います！
昔、女子プロってみんなＣＤ出したりしたんですよね？」

「…………」

「あれ？」

「バカにしてんのか」

「は、はいっ⁉」

「アタシが昔『颱風前夜』って歌出してコケたの、バカにしてんだろ」

「い、いや、あの、その……」

「てめえ、上等じゃねえか‼
養子にしてやるよ！　ウチはスパルタだから、覚悟しとけよ！」

「エェーッ!!」

――ほらね、地雷踏んじゃった(涙)。

「オラオラオラオラーッ!!」

――まあ、さすがに北斗サンも冗談に決まってると思うけど。

……って本気だったりして(爆)。

もちろん相葉クンが健介サンファミリーに入って一緒にマラソンを走ることはなく(↑当たり前)、家族で力を合わせて感動のゴールをした、健介サン&北斗サンファミリーでした。

嵐デビューに隠されていた〝13年目の真実〟

～『嵐にしやがれ』オフオフエピソード～


「ひ、東山サン……」

「うん？」

「さっきの話、本当なんですか⁉」

「さっきの話って？」

「だから俺たちのデビューの……」


――日本テレビ系『嵐にしやがれ』の収録後、アニキゲストで登場してくれた東山紀之サンに連れられ、麻布十番にある和食屋で食事中の櫻井クン。

「あァ〜っ……どうだろ？

そんな話はどうでもいいからさ、
目の前にウマいモンが並んでるんだから食えよ」

「は、はい……」

——東山サンに対し、櫻井クンが明らかに不満げな表情を見せるなんて珍しい。

「だってさ！　そりゃ気になるに決まってんじゃん!!

13年間、ずっと知らされてなかった事実だぜ！」

——『嵐にしやがれ』『東山サン』『13年』……そう、番組で東山サンが明かした、嵐のデビューに関する衝撃的な舞台裏だ。

「まさか、俺たちの〝船上デビュー発表会〟が、東山サンの——

『そのとき、ハワイに行きたかったんだよねぇ〜』

……なんていう理由で決まったとか、ビックリするでしょ！」

今から13年前の1999年9月15日——

ハワイ・オアフ島のワイキキ沖を走るクルーズ船のデッキで、デビュー発表記者会見が行われた嵐。


「ぶっちゃけ、後になって、事務所の先輩たちや仲間に、

〝なんでお前らだけハワイなんだよ！〟って、チョ～うらやましがられたワケ。

で、俺らも調子に乗って、

〝ワールドカップバレーですから！〟

〝20世紀最後のデビューにふさわしい〟

〝ミレニアム記念のご褒美〟

……みたいなコトを、その気になって言ってた記憶があるよね」


——ところが実際には、東山サンが〝そのときハワイに行きたかったから〟だったとはねぇ～（苦笑）。

櫻井クンがショックを受けるのも当然だよ。

櫻井クンをはじめメンバーにしてみれば、今になってハワイでのデビュー発表記者会見は〝期待の表れではなかった〟コトを知らされたんだもん。

しかし、この後東山サンから聞かされた〝本当の真実〟が、まだその裏に隠されていようとは、さすがの櫻井クンも想像だにしていなかったのだ――。


「ありがとうございました！

東山サンがいらっしゃらなければ、今の俺たち、今の『嵐』は存在しません!!」

「バカ、やめろって！ 店の中で恥ずかしいだろ」

――冷静でスマートな櫻井クンが、場違いな大声を上げるぐらい東山サンに感謝しているのはなぜ？

「まさかそんな目的があったなんて！

ヤバいっスよ今日！ 激動の1日っス」

「大げさなんだよ（苦笑）」


さてさて、東山サンのひと言でハワイ行きが決まった以上の――

「東山サンがいらっしゃらなければ、今の俺たち、今の『嵐』は存在しません!!」

――とは、どんなエピソードなんだろう？

時間を数十分巻き戻してみると、そこにはいつまでも納得をしない表情で東山サンに食い下がる、櫻井クンの姿があった――。

「本当に、東山サンがハワイに行きたかっただけなんですか!?」

「まだ疑ってんのか?」

「〝疑ってる〟というか、〝何かヘンだなァ〜〟って。だってハワイに行きたいだけなら、俺らに関係なく、いつでも社長の(オアフ島の)マンション使えますよね? 東山サンだったら」

――当時、ジャニーズのメンバー、特に選ばれたメンバーたちは、ジャニー喜多川社長が所有するハワイの超高級リゾートマンションを自由に使うコトができた。

「そりゃまあ、行きたいときはいつでも使えたけど」

「だったら余計ヘンですよね?デビュー前のJr.を5人も連れて引率するの、面倒くさいだけですもん」

――東山サンの言動や性格から、疑問点を突きつける櫻井クン。

すると……

「お前、頭良すぎるのがやっぱり欠点だな」

――苦笑いしながら、東山サンが〝真相の真実〟を話し始めてくれた。

「あのときさ、5人別々にハワイに連れていかれたの、覚えてるだろ?」

「は、はい」

「お前はやる気があるのかないのかわかんないガキだったし、

逆に松本はやる気だけ。

二宮は月末で辞める予定だったし、

大野は京都の仕事で行ったきり……って、

何かしらみんな、問題があったんだよな(苦笑)」

「も、申し訳ありません……」

――当時を思い出し、赤面する櫻井クン。

「でも、社長はお前らの才能を買っていて、
〝グループでデビューさせたい〟と思っていた。
だけど普通に5人を集めて〝デビューする〟と伝えても、気持ちがまとまるとは思えない。
ひょっとしたら逃げ出して家に帰っちゃうかもしれない。
だから『別々にハワイにでも連れていって、大々的に記者会見やったら、
海外だし逃げ場はないし、アイツらも開き直って、決心するんじゃないですか』――って、
俺が進言したんだよ!」

――東山サンの口から明かされた真相に、言葉を失う櫻井クン。

「……そ、そうだったんですか!」
「今じゃみんな笑い話。それでいいじゃねぇか!」

――東山サンが教えてくれた〝デビュー13年目の真実〟。
あのときのハワイデビュー記者会見の舞台ウラには、そんな事実が隠されていたんだね。
櫻井クンが感謝&感激したように、東山サンの進言があったからこそ〝今の嵐〟があるんだね!

相葉クンは〝嵐のファッションリーダー〟でOK?

〜相葉クン〝ベストジーニスト賞〟エピソード〜

「イヤ〜っ! 今年もキメちゃったなァ〜‼」

――10月4日に発表された、2012年のベストジーニスト賞。

昨年、ジャニーズ事務所から通算8人目(※受賞時に所属含む)、嵐からは初の受賞者(一般選出部門)となった相葉クンには、今年もすでに9月には〝受賞〟の朗報が届いていたそうだ。

「これで2年連続だから、あと3年連続で受賞したら〝殿堂入り〟ってヤツだよね? ジャニーズでは俺と草彅クンだけなんてスゴくね⁉」

――うん。とりあえず相葉クンの間違いを順に正しておこうかな。

まず殿堂入りは5年連続ではなく〝受賞5回〟なので、あと3年連続で受賞する必要はない。

次にジャニーズで殿堂入りを果たしたのは、木村拓哉クン、草彅剛クン、亀梨和也クンの3人。

最後に殿堂入りの規定が今年から変わり、5回ではなく〝3回〟になった。

つまり相葉クンは、来年でも再来年でも、あと1回受賞すれば殿堂入りになるんだね。


「そーそー、木村クンがいた！ 草彅クンの前に。

そういえばカメは、俺の前の年（2010年）に殿堂入りしたんだっけ。

でも他にはどんな人たちが受賞してんだろ？」


——福山雅治さん、織田裕二さん、それにジャニーズの先輩たちには、第1回目の郷ひろみさん（※当時所属）から、田原俊彦さん（※当時所属）、東山紀之さん、堂本剛クンの4人がいる。

「改めて受賞した人を見ると、本当にスゴい人ばかり！
そんな皆サンと同じように、一般投票で、
『相葉はジーンズが似合う』って選んでもらえたんだから、
うれしいと同時にプレッシャーも感じる」

——喜びと共に〝ベストジーニスト賞〟の責任も感じる相葉クンだった。

9月某日、夕方から行われていた嵐の5大ドームツアー『ARASHI LIVE TOUR Popcorn』の、打ち合わせが終わり、帰り支度をしていた櫻井クンは――

「翔チャン、少し時間ある?」

――と、相葉クンに声をかけられた。

「ちょっとマジな相談っていうか、報告があるんだよ」

「マジな報告⁉」

いかにも深刻そうな相葉クンの表情に〝何か重要な出来事〟を感じた櫻井クンは、頭の中で……

「(な、なんだ? 夜遊びしてる写真でも撮られたのか⁉)」

――最悪のケースを真っ先に思い浮かべた。

何か〝よからぬ報道〟を写真週刊誌でされるんじゃないか……と、心配したのだ。

「(だって今の時期、俺が相葉クンから報告を受けるコトなんてないんだもん! 報告ってコトは〝なんらかの結果が出ている〟ってコトじゃん)」

――しかし冷静に考えてみると……

「(ん? 今の時期⁉ ま、まさか!)」

――櫻井クンは〝何か〟に気づいたようだ。

「あ、相葉クン……

もしかしてそれって、〝おめでたい話〟だったりする⁉」

「よくわかるね！」

「やっぱり！」

「や、やっぱり？」

「だって、この時期だもん」

「えっ？ まさか翔チャン、時期でわかってくれたんだ」

「わかるだろ、そりゃ〜」

――ごめん、こっちは全然わからない（涙）。

「本当、よかった！

コツコツと〝スペシャル〟とか〝ナビゲーター〟を、やってきたかいがあったね」

「う、うん……（スペシャルとナビゲーター？）」

「俺は前から、相葉クンは、志村サンの番組だけで終わる人じゃないと思ってたよ」

「そ、そうなんだ……（志村サン？）」

――櫻井クンのセリフに、若干、怪訝な表情を浮かべる相葉クン。

「あのさ、翔チャン」

「はいはい」

「さっきから何のコト、言ってんの!?」

「もういいよ、隠さなくて」

「へっ?」

「てか、そもそも自分から話を振ってきたんじゃん」

「そ、それはそうだけど……」

「おめでとう!

10月クールから、バラエティのレギュラー、増えるんだろ!?」


――なるほど、時期的なコトって、そういう意味か(笑)。

でも相葉クンが報告したかったコトは、ちょ~っと違ったみたいだよ。

「結局、俺が嵐の〝ファッションリーダー〟でOK?」

「………………」

「OK?」

「…………………」

「OK?」

「あぁーっ! もう! OKでいいよ、OKで!」

「ヒャッホ～イ!」

――番組改編で〝相葉クンのレギュラー番組が増えた〟と勘違いした櫻井クンだけど、それがよりによって、〝ベストジーニスト賞の受賞〟のコトだったなんて。

「そんなの最初から報告しなくていーだろ!

そりゃあ、相葉クンは色使いとかデザインで〝相葉カジュアル〟を確立させていると思うけどさ。

〝殿堂入り〟ってほどオシャレかっていえば、どうなん?」

――普通に喜んであげればいいのに、かなりご機嫌ななめの櫻井クン。

「だってさ、〝ファッションに関する賞〟とか受賞したら、ますます図に乗るじゃん!」

――というか、相葉クンはすでに〝嵐のファッションリーダー〟気取りですけど(笑)。

「ねぇ、翔チャン！
〝ベストジャージスト賞〟があれば、
翔チャンもすぐに、殿堂入りできると思わない？」
「うるさい！
な、何が〝ベストジャージスト賞〟だよ！
大きなお世話だ‼ もう帰る‼」

……あ〜あ、ついに櫻井クンを怒らせちゃった。
でもまぁ相葉クンの言う通り、〝ベストジャージスト賞〟があれば、櫻井クンも立派に殿堂入りできるかもよ。本気で狙ってみる（笑）？

その後、相葉クンは2012年に続いて2013年もベストジーニスト賞を受賞。
見事に念願の〝殿堂入り〟を果たしたのでした――。

松本クン〝5大ドームツアー〟に悩む……
～『ARASHI LIVE TOUR Popcorn』バックステージエピソード～

11月16日の京セラドーム大阪から2013年1月13日のナゴヤドームまで、全国5大ドーム・全16公演のツアー『ARASHI LIVE TOUR Popcorn』を敢行する嵐。

これまでの嵐のドームツアーでは最大、なんと1回のツアーで87万人を動員するというのだから、さすがを通り越して〝神〟と言うしかないよね。

「いろんな人に、
〝今の嵐は5大ドームツアーが当たり前〟……って言われるんだけど、
俺たちの中では全然そんなコト思ってないよ。
だってみんなのおかげでドームツアーをやらせてもらえるようになったのは、
つい最近の2008年頃だもん」

——そう、松本クンが言うように、嵐がドームツアーをやるようになったのは、2008年の春から夏にかけての『Dream-A-Live』からだね。

「初めてのドームコンサートはその前の年で、
ドームが終わった後はアリーナツアーに出た記憶がある。
国立（競技場）もドームツアーが始まった年。
ドームから国立への展開が早すぎてビビったけど」

――コンサートには年に1組にしか貸し出さない国立競技場が、今では〝嵐専用スタジアム〟みたいになっているのも実力。

「ツアーのときはいつも、京セラドーム（大阪）だろうが（大阪）城ホールだろうが、
俺たちに会いにきてくれたみんなの前で、最高のパフォーマンスをするコトだけを考えている！
そりゃあ今、規模でいったら〝ドームツアー〟が、日本で一番大きなツアーになると思うけど、
そもそもは〝同じ日程で1人でも多くのファンに見てもらいたい〟から、会場が大きくなっただけ。
根っ子のソウルやスピリッツは変わんないよ」

――コンサートの構成をメインでまとめる松本クンのポリシーに、ビシッと芯が通っていれば、これからもずっと〝ファンと一緒に楽しむ最高のパフォーマンス〟で、酔わせてくれるに違いないよね！

日本テレビ系『24時間テレビ35』を無事にやり遂げたと思ったら……

「すぐに『アラフェス』の本格的なリハーサル。
でも『Popcorn』ツアーの構成も考えなきゃ」

――ソッコーで次の山場を迎えていた松本クン。

そんな松本クンのケータイに、

「潤クン、東京に戻るからメシ食わせてよ」

――と、生田斗真クンから連絡が入った。

「俺、忙しいんだけど」

「どうせリハでしょ？　スタジオにいると思った」

「ウッセーよ」

――主演ドラマのロケで少し東京を離れていた斗真クン。

この日、明日が急にオフになり、帰京している途中に松本クンに電話をかけてきたのだ。

「とりあえず焼肉でもごちそうになってあげようかな〜」

「お前、ホントに図々しいって」

――口ではこんな風に言う松本クンだけど、内心では斗真クンのおねだり（?）を喜んでいた。

「ぶっちゃけ、毎日毎日スタッフの顔しか見てないから、頭の中が煮詰まってたんだよな」

――メンバー以外の〝気の合う仲間〟と、ちょうど気分転換したいと思っていたところだったんだもん。

「メンバーと一緒だと、結局は打ち合わせみたいになっちゃうもんね。

ま、斗真ぐらいがちょうどいいかな」

――そんなコト言っちゃってても、楽しみなのがバレバレです。

そして、斗真クンのおねだり通り、焼肉屋さんにやって来た2人だったけど……

「俺に音楽のコト聞いても……ムリじゃね？」

「やっぱそっか」

「〝やっぱ〟はねーだろ！　一応、謙遜して言ったんだから」

「いや、でも何かヒントになんねーかな……って。

いろんな曲、片っ端から聴いてはいるんだけど」

――え～っと、松本クン？

確か〝メンバーやスタッフと一緒だと、仕事の話になるから気分転換にならない〟とか言ってたよね!?

「いっそのコト、AKBとかももクロを聴いたみたら?」

「その辺はとっくに聴いた」

――斗真クンと一緒でも仕事の話になってるじゃん(苦笑)!

「『Popcorn』ツアーがさ、『アラフェス』の後じゃん?

もちろんアルバム曲が中心にはなるんだけど、

みんなからリクエストをもらって構成した『アラフェス』の後だからこそ、

どれだけ満足させられるか……めっちゃ悩む!」

――9月20日・21日に国立競技場で開催された『アラフェス』は、ファンからのリクエストをベースに選曲、構成されたのは皆サンも承知の通り。

そして、その〝リクエストライブ〟に続いて行われる〝嵐史上最大規模〟のツアーは、

「選曲や構成が『アラフェス』を超えるレベルじゃないと、

きっとファンが納得してくれない」

――というプレッシャーが、松本クンを襲っていたのだ。

「1回、頭の中から『アラフェス』を追い出そうと、一切、嵐の曲を聴かずに、いろんなアーティストさんの曲を聴いてたんだ。刺激にもなるし、何かのヒントになるかもしれないから」

——なるほど。

「斗真にもさ、〝メシおごってやるんだから、刺激になりそうな曲ないか？〟……って聞いたら、本気で何もないんだもん（苦笑）」

——てか、そもそも斗真クンは〝気分転換〟相手でしょ？

「やっぱダメだなぁ〜っ、俺。1つのコトに集中しちゃうと、結局はそればっかりになっちゃう」

——いやいや、そこが松本クンのいいところじゃないの。

するとそのとき——

「潤クン！　タン塩とカルビがあったら、どっち先に焼く!?」

——斗真クンが突然、奇妙なコトを言い出すではないか。

「ど、どういう意味?」

「どっちを先に焼いたらウマいかって話」

「そりゃタン塩だろ」

「なんで!?」

「なんでって、カルビを先に焼いたら網に脂やタレがついて焦げるじゃん。そんなのがタン塩についたら、タン塩の味じゃなくなる」

「本当にそれでいいんだ?」

「はいっ!?」

「世の中には、〝カルビを先に食べたほうがウマい〟と思う人も、たくさんいると思うけど」

「そ、そりゃまあ……」

「どっちを先に焼いて食べるかなんて、単純に好みの問題で正解はない。ライブの構成だって同じじゃん。

〝タン塩が先か、カルビが先か〟……そんなの全員がバラバラに決まってる。どんな構成でも、最終的に〝ウマい〟……イコール〝楽しい〟で終わればいいだけじゃん」

「……と、斗真」

――一瞬、ハンマーで頭を殴られたかのような衝撃を感じた松本クン。

「深い……めっちゃ深いよ!」

「だろ」

――斗真クンの〝タン塩&カルビ〟に、感動しちゃってる松本クンだけど……

「タン塩とカルビの他にも、ロースやハラミ、レバー、ハツ、ミノ!!
いろんな肉があるぜ!」

――そのたとえはどうなの(笑)?

その後、見事に5大ドームツアーを大成功させた松本クン。

きっと〝タン塩が先か、カルビが先か〟の斗真クンのアドバイスのおかげだね!

さんまさんがくれた〝嵐がSMAPを超える〟ためのヒント

〜『ひみつの嵐ちゃん！』オフオフエピソード〜

10月11日に放送されたTBS系『ひみつの嵐ちゃん！ 秋の2時間スペシャル』で――

「あんなにガッツリと話したの、初めてかもしれない！
でもあのときほど〝もっともっと話していたい〟……って思ったコトはなかった！」

――と、松本クンが感激するほどのトークになったのは、明石家さんまさんとのトークだ。

「『嵐シェアハウス』に、男性ゲストが来たのは初めてだったし、
しかもそれが〝トークの怪物〟さんまさんだよ？
申しワケないけど今回は、視聴者の皆サンに楽しんでいただきたいって気持ちより、
〝自分たちが楽しみたい〟気持ちが一番だった」

こんな風にいかにも満足、いかにも達成感でいっぱいの松本クンだけど、実は番組収録後の松本クンの楽屋で、さんまさんから〝キツ〜いひと言〟をもらっていたのだ――。

「ちょっとさ、さんまさんにお願いして、

〝そろそろSMAPとのクリスマス特番は『さんま・嵐』、

お正月の『さんタク』は『さんジュン』に変えませんか？〟

……って言ってみよっか」

「なんで『さんジュン』!?」

「そうだよ！『さんニノ』に賛成」

「〝賛成〟の意味がわかんねーし！」

──など、本番が始まる前までは威勢の良かった松本クンだったけど、実際には……

「やっぱ本番は怖え！完全にさんまさんに飲まれた！」

──さんまさんのスピードについていくのが精一杯だった。

「そんなのわかってるんだけど、やっぱさんまさんの足元にも及ばねぇわ……」

──収録後、自分の楽屋で肩を落とす松本クン。

するとそこへ……

──（コンコン）──

ノックの音がしたかと思うと──

「ちょっとエエか？」

「さ、さんまさん!?」

――さんまさんがわざわざ訪ねてきてくれたのだ。

「お疲れさん！　楽しかったわ、ありがとな」

楽屋で改めて1対1になると……

「（な、何を話せばいいんだろ）」

――ますます緊張して口の中がカラッカラの松本クン。

それでも必死に――

「あ、嵐は……嵐はどうでしたか!?」

――これだけは聞いておきたかったみたい。

「そやな。エエんちゃうか」

「ほ、本当ですか！」

「年（令）もみんな、次のステップを目指せる年やし、
今日見ていた限りはエエ感じで成長していると思うで」

「ありがとうございます!!」

さんまさんにホメられた。それだけでもう、今日の収録は十分すぎるほどの収穫。

「(早くみんなに伝えてやりてぇ)」

――ところが感無量の幸せに浸っていた松本クンは、次の瞬間、奈落の底に落とされるコトに……。

「せやけど今のままやったら、永久に、SMAPは超えられへんな!」

「えっ……」

――全身の血が、音を立てて一気に引く。

「SMAPは無理や!」

――自分たちがホメられたコトと、〝嵐がSMAPを超えられるかどうか〟はまったく別の次元。

「なんでかわかるか?」

「い、いえ……」

「嵐はな、仲が良すぎんねん!

SMAPなんかホンマ、楽屋どころか本番中も、カメラ回ってへんとこでは、話さへん!」

「……」

――ショックでまだ、言葉が出ない松本クン。

「その代わり、カメラが回ってるとこでは、芸人顔負けで、チームワークもスゴい！
仲が悪いより良いほうが、エエに決まっとるけど、
力を溜めて本番で爆発させるコトが、一番大切や！
楽屋でどんだけ笑いを取っても、ステージで笑いを取れへん芸人は、
消えるだけっちゅうのと同じやで！」

――そう、さんまさんは嵐に〝SMAPを超えるためにはどうすればいいか〟のヒントを、さっきから出し続けてくれているんだね。

「ヒントはやった!! ほんなら帰るわ」

――こうして長い長い（収録）時間は終わった。

さんまさんから大切なヒントを教えてもらった嵐。

後はもう、自分たちで答えを見つけて真っ直ぐに進むだけ！

あのときのさんまさんの言葉があったからこそ、嵐はさらに大きく成長して〝日本一のアイドルグループ〟になっていったんだろうね。

俺は理想の〝お兄さま〟

～『ARASHI LIVE TOUR Popcorn』楽屋エピソード～

11月16日の京セラドーム大阪からスタートした今回の5大ドームツアーは、12月16日までの1ヶ月間で大阪、札幌、福岡、東京の4会場を回った嵐。

それは『Popcorn』ツアーで訪れた、京セラドーム大阪の楽屋での出来事だった――。

「リーダー、リーダー」

「なぁに、ニノ」

「こんなランキング、知ってる?」

――1枚の紙を手に、二宮クンが大野クンのもとに飛んでやって来た。

「ランキング!?」

「〝理想のお兄ちゃんランキング〟だってさ」

――そこに記されていたのは、お兄ちゃんになって欲しい芸能人の〝理想のお兄ちゃん〟ベスト10だった。

「キタな！」

「はい？」

「〝理想のお兄ちゃん〟……まさに俺のためのランキングでしょ！」

某女性誌が発表する恒例の〝好きな芸能人〟や〝イケメンランキング〟では、正直、松本クンや櫻井クンには敵わない。

しかしそれが〝理想のお兄ちゃん〟となれば――

「ハートよ、ハート！　ハートの勝負！

俺、ハート・トゥ・ハートには自信があるからね！

〝お兄ちゃん〟なら、イケるだろ!!」

――大野クンが一矢も二矢も報いるチャンスは残されているに違いない。

「そ、そっかな……」

「えっ!?」

「勘違いってコト、ない?」

――ところが期待に反し、二宮クンの反応は微妙。

「ま、まさか……」

「まさかというか、ごく順当」

「どどど、どう順当なんだよ!」

「だから〝理想のお兄ちゃん〟ぽい人ばっか」

「俺は?」

「では10位から発表しましょう!」

某音楽情報誌の読者投票で選ばれた〝理想のお兄ちゃん〟ランキング。

10位からカウントダウンすると――

10位　GACKT
9位　香取慎吾
8位　玉木宏
7位　ナオト・インティライミ
6位　堂本剛
5位　横山裕
4位　松本潤
3位　相葉雅紀
2位　福山雅治
1位　櫻井翔

――こうランキングされていた。

「う～ん……翔クン1位、相葉チャン3位、松潤4位か」

「リーダーも俺も〝11位以下〟です!」

――なるほど、確かに二宮クンが言ったように〝順当〟な気も。

「このままでいいの?」

「えっ!?」

「〝イケメンランキング〟で負け、〝理想のお兄ちゃんランキング〟でも負けたら、勝てるのは〝スギちゃんに似ているランキング〟しかないじゃん」

「そうなんだよなぁ～っ。スギちゃん似でしか勝てない……って、おい!」

――見事なノリツッコミを見せる大野クンだけど、内心、複雑な様子で考え込んでいる。

すると……

――何やらひらめいたみたい。

「そっか、わかった!」

「俺って〝お兄さま〟タイプなんだよ!」

――え～っと、大野クン? いくらなんでも無理矢理すぎないか(苦笑)。

「〝お兄ちゃん〟じゃなく〝お兄さま〟！
あくまでも〝お兄さま〟！」

――ごめん。〝お兄ちゃん〟と〝お兄さま〟の違い、今ひとつわかりません。

「みんなが俺の〝お兄さま面〟に気づいたら、不動の1位は間違いないね‼
黙ってても伝わらないから、これからは世間に〝お兄さま面〟をアピールしよ！
ま、〝優しくて知的な素顔〟をアピールすればいいだけなんだけどさ！」

――自信マンマンの大野クンだったけど、残念ながらそれから大野クンが〝理想のお兄さま〟と呼ばれる日は、いつになっても来なかったみたいです……(涙)。

二宮クンの〝スパルタ個人授業〟

～『Popcorn』ツアー〝東京ドーム〟エピソード～

「ぶっちゃけ、あの瞬間はメンバーもスタッフも凍りついたよ……」

――苦笑いをしながら二宮クンが話すのは、2012年12月14日の東京ドーム、『Popcorn』ツアー初日の、囲み取材での出来事についてだ。

「相葉ちゃんもさ、ちゃんとニュースを見ていたら、〝これ聞かれそう〟とか思うんじゃない？ そういう点、注意力が足りないんだよ」

――2年ぶりの5大ドームツアーで、嵐が東京ドームに帰ってきた12月14日。

その初日に囲み取材が行われるのはわかりきっているし、年末ということもあり、ツアー以外の質問にも答えなければならないだろう。

そこで二宮クンが目をつけたのが、毎年、漢字の日に発表される『今年の漢字』だった。

「ニュースで、今年（2012年）の漢字は『金』って発表されたときから、〝これは絶対に聞かれる！〟ってピンと来た！

だって発表された3日後が〝東京ドーム初日〟だよ？

質問する記者さんも〝ちょうどいいネタができた〟って思うよね！

聞かれないほうがおかしい」


――さすがスーパーアイドルの頂点に立つメンバーは、勘も人一倍鋭い。


「リーダーの『初』、翔クンの『輪』、松潤の『弾』、俺の『集』は完璧だったでしょ？

それなのに相葉ちゃん、あの男だけは……

気の利いた漢字を出せとは言わないけど、〝最低限の合格点〟は出して欲しかった」


相葉クンが笑顔で出した漢字は――

『一緒』


――お題は〝一文字〟なのに、しっかり『一緒』と二文字のフォルム……。

どうあがいたってフォローもできないし、そりゃあメンバーもスタッフさんも凍りつくわ（爆）。

「相葉ちゃん、ちょっといいかな」

——囲み取材を終え、それぞれ控室に戻ろうとしていた相葉クンを、険しい顔の二宮クンが呼び止めた。

「今の漢字の件だけど」

「漢字?」

「そう、相葉ちゃんだけ二文字書いたヤツ」

「結構ウケたよね」

「はいっ!?」

「漢字だけに、手応え感じ(かんじ)ちゃったりして」

「何言ってんだよ!」

「えっ……」

「反省する気、ゼロか!!」

——プロとして記者さんの要求に応えられなかった相葉クンに、ちょっと喝を入れるつもりだった二宮クン。

これから大切なライブが始まるというのに、少し気が抜けているんじゃないかと危惧していたのだ。

「恥ずかしいと思わないの?」

「そ、それは……」

「これからダメ出し」

「えっ!」

「たるんでるよ、相葉チャン!」

——〝ダメ出し〟とは聞こえがいいけど、この場合は明らかに単なる説教です(苦笑)。

「に、ニノ、どうしてもやらなきゃダメ?」

「ダメに決まってんじゃん」

「ちょっとシャワーを……」

「どうせライブで汗だくになるだろ」

「そ、それはそうだけど……」

——普段、ほとんど口を出さない二宮クンが怒るとなると、

「ヤバイ!! 長くなるぞ!」

——相葉クンも覚悟しなければならないだろう。

「まず相葉ちゃんさ、みんなが選んだ漢字の意味、覚えてる?」

「お、覚えてるよ……」

「ちゃんと言ってみ!」

――二宮クン、ちょっと怖い(涙)。

「リーダーは、初めてプライベートで海外に行ったから『初』」

「うん」

「翔ちゃんはロンドンオリンピックのキャスターになって、オリンピックの五輪の『輪』」

「合ってるよ」

「松潤が『Popcorn』ツアーにちなんで、ポップコーンの弾ける感じで『弾』。ニノが、ライブはメンバーとファンが集まるから『集』」

「やればできるじゃない!」

――とりあえず4人がその漢字を選んだ理由はクリアし、相葉クンもホッと胸を撫で下ろす。

しかし胸を撫で下ろしたのも束の間……

「それなのに何で自分が〝二文字〟なんだよ!!」

「ご、ごめんなさい……」

「いい？　相葉ちゃんは記者さんの質問の〝何が大事か〟の優先順位を考えなきゃ」

「優先順位？」

「さっきの場合、まずは〝漢字一文字〟、次に〝今年の自分を表す〟。

相葉ちゃんはそれが逆になって、とにかく〝今年の自分〟でしか考えなかったんだよ」

「そう、その通り！　さすがニノ」

「バカにしてない!?」

「し、してないよ……」

「じゃあまた、考えるよ！」

「よろしくお願いします！」

「まずは『一緒』ってキーワードを思いついたら、
次に『一緒』を〝どんな漢字一文字で表すか〟を考える！

……わかるだろ？」

「めっちゃわかる！」

まるで二宮クンが相葉クンに、個人授業をしているみたい。

それもかなりスパルタな（笑）。

「相葉チャンも30歳なんだから、
いつまでも〝天然は何でも許される〟とか思ってちゃダメだよ！」
「は、はい、先生！」

――かなりビミョ～な先生と生徒だけど。

それでも二宮クンの〝スパルタ個人授業〟のおかげで、相葉クンの〝天然〟も少しは治ったみたい。

……てコトもないか（笑）。

ARASHI Chronicle 2010-2020

嵐2013

相葉クンは〝日本で一番かかりたくない〟お医者さん

～ドラマ『ラストホープ』オフオフエピソード～


「〝フジテレビの連ドラ〟に出させていただくのって、実は12年ぶり！

前は〝『ムコ殿』パート1〟だもん」


――1月クールの連ドラ『ラストホープ』（火9）で、フジテレビの連続ドラマ初主演を果たした相葉クン。

本人が言うように、スペシャルドラマや『演技者。』などのミニシリーズを除き、相葉クンがフジテレビの連ドラに出演するのは、２００１年4月クール『ムコ殿』以来だ。

２０１２年12月24日に30歳になった相葉クンにとって、この『ラストホープ』は30代初めてのドラマ作品。記念碑的な作品として気合いも入るよね。

「本当、それ！
最近、メンバーが次々に〝代表作になりそうな作品〟に出演してるじゃん？
しかもフジテレビで。
結構なプレッシャーなんだよなぁ～！
俺もまずは『三毛猫ホームズ』とは違った、相葉雅紀の新しい一面を出しつつ、
〝相葉雅紀の代表作〟って呼ばれるぐらいの作品にしたいなと思う」

——言われてみれば確かに、大野クン『鍵のかかった部屋』、櫻井クン『謎解きはディナーのあとで』、二宮クン『フリーター、家を買う。』、松本クン『ラッキーセブン』と、ここ数年の嵐のヒットドラマはフジテレビばかりかも。

「特に翔チャンとニノは、放送日と放送時間が俺と一緒なの！
そんなとこまで真似しなくてもいいのに。だから余計に負けられない！」

——そう言って気合いを入れる相葉クンだった。

「ドラマの撮影、順調？」

「よくぞ聞いてくれました！」

――2012年の年末、『紅白歌合戦』のMC打ち合わせで訪れていたNHKで、櫻井クンに満面の笑みで撮影のコトを話し出した相葉クン。

「もうさ、最先端だからね！

俺までノーベル賞を取った気分だよ」

「は、はいっ!?」

――2012年のノーベル医学・生理学賞を受賞した、京都大学の山中伸弥教授。

その山中教授が研究している-iPS細胞こそ、世界最高の最先端高度医療の象徴。

このドラマで相葉クンが演じる波多野卓己は、帝都大学先端医療センターに勤める総合医なので、〝ノーベル賞〟の言葉が出てきたのだろう。

さらに櫻井クンがキョトンとしているのを見て――

「翔チャン、ドラマのタイトルの『ラストホープ』って、何の意味かわかる！」

――ドヤ顔で尋ねる相葉クンだった。

「た、たぶん、だけど……」

「たぶん!? まぁ、いいや。言ってみんしゃい（ニヤニヤ）」

「ラストが〝最後〟で、ホープが〝希望〟。

つまり先端医療が患者さんにとって〝最後の希望になる〟……みたいな意味かな」

「うっ！」

——さっきの様子では、

「（タイトルの意味、翔チャンでもわからないかも）」

——と期待した相葉クンだったけど、

「そ、そんな感じ……」

——さすがに、中学英語レベルで櫻井クンにケンカを売るのは間違っていた（爆）。

「どんなシーン撮ったの!?」

「えっ？」

「だってさ、嵐のメンバーが〝本格的な医療ドラマの主演〟とか、初めてじゃん。

めっちゃ気になるよ！」

——いわゆる〝職業モノ〟と言われるドラマの中でも、特に医療ドラマは手術シーンが最大の見せ場。

「気になるんだ?」

「気になるよ! だってフジテレビだから、
どうしてもERを舞台にした『救命病棟24時』と比較されるだろうし!」

——相葉クンは嵐のメンバーのドラマばかり気にしていたけど、視聴者側から見れば『救命病棟24時』や、他局ではあるけれど終わったばかりの『ドクターX ～外科医・大門未知子～』(テレビ朝日系)と比較して見るに違いない。

「い、ER?」

「〝エマージェンシー・ルーム〟の略ね」

「ふ、ふ〜ん……」

「で、どんなシーン!?」

——自分が意味を知らなかった〝ER〟が出てきたあたりから、なんとな〜く……

「(しまった……翔チャンじゃなく、リーダーにボヤればよかった)」

——と悔やみ始めていた相葉クン。

しかし、乗りかかった船からは下りられなかった。

「ふ、ふっくっきょしょじゅちゅ……とか」

「は、はい!?」

「ふっくっきょしゅじゅちゅのシーンは撮った!」

「言えてねーし!」

「ふっくっきょしゅじゅちゅ!」

「〝ふくくうきょう〟、だろ?」

「ふっくっきょ!」

「腹腔鏡!」


――今や先端医療の現場では当たり前になっている〝腹腔鏡手術〟。

文字通り〝腹部〟に関する手術を内視鏡によって行うもの。

メスによって皮膚を切開しないので、体に与える負担が小さい。

もちろん「ふっくっきょしゅじゅちゅ」ではありません（苦笑）。

「難しいんだよ、医療用語って！

〝ふっくっきょう〟とか、早口言葉かっつーの!!」

「落ち着いて！　……てか逆ギレか!!」

――どうやら相葉クン、ここはいったん、逆ギレでごまかす作戦に出たみたい（笑）。

「生麦生米生玉子！

どうせ早口言葉なら、このぐらい簡単でいーじゃん！

冗談じゃねーよマジに!!」

――ブツブツ言いながら、コッソリ＆ユックリとその場から離れ始める。

「ま、日本で一番かかりたくない医者だよな、アイツは！」

――そんな相葉クンの後ろ姿を見送るしかない櫻井クンは、笑いをこらえるのに必死で病気になりそうだったってよ（笑）。

〝腹腔鏡手術〟は上手く言えなかったけど、ドラマでは最先端医療に取り組む医者役をバッチリ演じて〝新しい相葉雅紀〟を見せてくれた相葉クンでした。

松本クンと相葉クン、どっちが〝猫キャラ〟？

～映画『陽だまりの彼女』オフオフエピソード～

2013年がスタートし、松本クンにとって〝新年最初の大仕事〟になるのが、10月公開予定の映画『陽だまりの彼女』へのクランクイン。

「ひと言で言うと、〝結末にビックリの恋愛ファンタジー〟……かな。越谷オサムさんの原作はヒット小説だから、〝真緒の秘密〟を知っている人も多いと思うけど」

鉄道広告専門の代理店営業マンの浩介は、10年ぶりに中学時代の同級生・真緒と再開。驚くほど魅力的な女性に成長していた真緒に浩介は惹かれ、やがて2人は交際を経て結婚するコトになる。

しかし幸せな暮らしが1年経過したところで、浩介と真緒は〝ある秘密〟から別れのときを迎えざるを得なかった……というのが、かなりザックリとしたあらすじだ。

「心が温まる〝ピュアな恋愛ファンタジー〟。

真緒に対する浩介の一途な気持ちと、それに応える真緒の健気さ。

原作には〝女子が男子に読んで欲しい恋愛小説ナンバーワン〟

……っていうキャッチがついてるけど、

マジにその通りだと俺も思う」

――ヒロインの真緒は、松本クンと初共演になる上野樹里チャンが演じる。

「ウマい女優さんで、〝オンリーワン〟の存在感。

一緒に芝居ができるのが楽しみだよ！

観てくださる方みんなに、感動してもらえる作品にしたいな」

――しかしそんな松本クンの、まるで〝陽だまり〟のような温かい気持ちを、あの男が壊そうとしていたのだ。

「水たまりの彼女?」

「水じゃねーよ!

陽だよ、陽!! ひだまり!」

「ひ!? そっか! 火が出たから水で消す……みたいな?」

「意味不明! なんでその燃える〝火〟になるんだ?」

「じゃあ他に何があんの!? 逆に」


――第63回NHK紅白歌合戦で嵐が披露した『New Year's Eve Medley 2012』のリハーサルが終わった後――

「松潤の説明、チョ〜わかりづれえ!!」

――なぜかやたらと相葉クンにカラまれている松本クンがいた。

「ワケわかんないよ」

――ブツブツと言いながらも帰り支度を整え、リハーサルスタジオを出ようとする松本クンに、今度は櫻井クンが声をかけてきた。

「相葉クン、いろいろと文句言わなかった?」

「えっ!?」

「ごめん。俺の責任」

「翔クンの? どういう意味!?」

「じ、実はさ……」

――いかにも〝話しづらそう〟な表情の櫻井クンが事情を話してくれた。

「松潤、映画やるんだね！　いいなァ〜！

松潤も翔チャンも来年は映画がやれて！」

――最初はこんな風に笑っていた相葉クンだったけど、

「松潤の映画の原作、俺知っててさ」

――櫻井クンが松本クンの映画の内容を話し始めると……

「相葉クンがいきなり――

『やめてよ！〝嵐の猫キャラ〟は俺一人でいいんだから！

よし‼　ちょっと松潤を潰しておくわ！』

……とか言い出しだんだよ！」

「ま、マジかよ⁉」

「『松潤が猫と結婚したら、俺の〝ホームズ〟の影、めっちゃ薄くなるじゃん！

しかも上野樹里？　こっちはマツコ・デラックスだっつーの‼』

……って相葉クンが言い出してさ！」

――櫻井クンが相葉クンに教えちゃった〝真緒の秘密〟……そう、陽だまりが大好きだった真緒は、実は〝猫の化身〟だったのです。（↑ファンタジーだから許してあげて）

「それでさっき、なんかやたらと〝意味不明なコト〟を言って、カラんできたのか（苦笑）」

――相葉クンなりに松本クンをイライラさせて、〝自分の猫キャラ〟を守る作戦だったんだろうけど、

「効果ねーよ！」

――ですよねぇ（爆）。

「でもさ、上野樹里チャンとマツコ・デラックスさんを並べて、

〝どっちが猫っぽいか？（……化け猫は猫に入れずに）〟――って聞くと、

世間の99％は絶対に〝上野樹里チャン〟って答えるぜ」

「〝熊っぽいか？〟……ならマツコさん圧勝だけど（笑）」

――松本クンはモヤモヤが解消し、櫻井クンは胸のつかえが取れてスッキリしたのか、そんな冗談

言って2人とも笑ってる。

一方その頃、自宅に戻る車の中では……

「よしよし!! 手応えあるぞ！」

――さらに爪を研ぐ相葉クンの姿があった。

「松潤には『花男』や『ラッキーセブン』みたいな、〝ヤンチャなイケメンキャラ〟があるじゃん！
動物関連は俺に任せて欲しいよ！
そもそも『志村どうぶつ園』からして、俺と動物の絆は松潤には負けないよ！
アイツ、猫と話せないだろ!!」

――しかし、どうも爪を研ぐ方向を間違っているのか、微妙な勘違いをしているみたいだけど……。

「でも上野樹里が〝猫の着ぐるみでコスプレ〟する姿、結構カワイイかも」

――相葉クン、そういう猫じゃないんですけど（爆）。

まさか！ あの〝毒舌芸人〟と初めてのコンビ結成

〜『今、この顔がスゴい』舞台ウラエピソード〜

「最初に話を聞いたときはビックリしたよ!!
まさか俺が有吉サンとコンビで新番組をやるなんて！」

――今年の4月クール、TBSテレビでスタートした、櫻井クンと有吉弘行サンがタッグを組むトークバラエティ『今、この顔がスゴい』。

「有吉サンといえばAKBからマツコ・デラックスさんまで、どんな相手と組んでも、〝有吉サンならでは〟の存在感で引っ張る方。
だから俺も、有吉サンとのコンビには、不安よりも楽しみのほうがはるかに大きいんだけど、まわりは俺が〝有吉サンの毒舌に耐えられるか？〟……って心配しているみたい（笑）」

番組は、〝旬の顔を知れば時代が見えてくる〟をコンセプトに、芸能界からスポーツ界、学術界から話題のゲストを招くトークバラエティ。

櫻井クンはメインMC、有吉サンは進行役として番組を仕切る。

「〝嵐からピン〟で、しかも他のタレントさんとコンビを組んでメインで番組をやるの、今回の俺が初めてだからね！
もし失敗でもしたら、俺だけじゃなくメンバーにもピンの仕事が来なくなる。
そういったプレッシャーは、話をもらった去年（2012年）から感じていたよ」

――『NEWS ZERO』の依頼が来たときでさえ、キャスターに挑戦したいワクワク感で〝怖さを感じなかった〟櫻井クンだけど、今は〝メンバーに対する影響〟も背負わなければいけない立場。

「有吉サンに胸を借りて頑張るよ！」

――独特の緊張感で顔がヒクヒクしてるけど、櫻井クンなら大丈夫だね。

「実はさ……」

――TBS系『ひみつの嵐ちゃん！』の収録スタジオで、有吉サンとの新番組について、なぜか真っ先に相葉クンに相談していた櫻井クン。

理由は単純――

「やっぱり俺らの中では、相葉クンが一番、お笑い芸人さんの気持ちがわかるからね」

――だったんだけど、相談された相葉クンにしてみれば……

「俺が翔チャンから新番組の相談を受けてるってか！」

――かなりの重大事件。

「どんな悩みや相談でも、バシッと解決しなきゃ！
それが相葉雅紀のクオリティ!!」

――それにしても、必要以上に気合いが入りすぎでしょ（苦笑）。

「できればさ、有吉サンとは〝番組のひな型〟を作る段階から、仲良くやりたいんだよね」

「はいはいはい、それが人情ってもんだ」

――櫻井クンの言う〝ひな型〟とは、番組の構成や時間配分を指す言葉。

新番組をスタートさせるときの骨組みだと思えばいいかな。

「でもそれ、ちょっと難しいかも」

「えっ⁉ ど、どうして?」

「有吉サンって実はさ、〝番組の共演者とはプライベートでつき合わない〟んだよ」

「そ、そうなの?」

「だからひな型を練るにしても、翔チャンと有吉サンが、スタッフ会議に参加するしかないと思う」

「マジかよ! 先の話とはいえ、お互いにめっちゃ忙しいのに時間合うかな……」

――櫻井クンの意気込みとは対照的に、早くも困難に突き当たったかに見える新番組。

しかしそんなときこそ、

「ま、俺に任せてくれれば大丈夫だけど!」

――相葉クンの出番です。

「任せる?」

「いくら有吉サンが〝共演者とはプライベートでつき合わない〟といっても、〝竜兵会の紹介〟だったら違うでしょ」

――ダチョウ倶楽部の上島竜兵サンをボスに、土田晃之サン、カンニング竹山サン、劇団ひとりサン、デンジャラスさん、そして有吉サンたちが集まる通称〝竜兵会〟。

相葉クンはメンバーではないんだけど、上島サンとは志村けんサンを通して〝ツーカー〟と言ってもいいほどの仲。(↑あくまでも相葉クン視線)

お願いするぐらい、朝飯前だ。

「いいよ！　俺が竜チャンに言ってあげる」

「ま、マジに!?」

「うん！　だって翔チャンのためだもん」

「ありがとう！　相葉クン」

「俺が電話して頼んでおけば、竜チャンは絶対に、

〝翔チャンと有吉サンの食事〟をセッティングしてくれるからさ！」

「まいった！　さすが相葉クン」

「やめてよ！

そんなの12秒もあれば、簡単にできちゃうんだから」


――こんなに頼もしい相葉クンはいつぶり？

これで櫻井クンの不安も、バッチリと解消された……かと思ったんだけどなぁ～っ……。

（→どどど、どうしたの!?）

「ごめん!」

「もういいって」

「でもきっと、いつかは大丈夫だから」

「わかったわかった!

相葉クンが頑張ってくれたのは、よくわかってるから」

――数日後、櫻井クンに平謝りの相葉クンの姿。

「まさか有吉サンが、竜兵サンのケータイに出ないで無視するなんて……」

――上島サンにお願いし、櫻井クンと有吉サンの食事会をセッティングしてもらおうと思った相葉クンだったけど、なんと上島サンの返事は……

「無理かもしれない」

――予想すらしていないセリフだったのだ。

「アイツ今、俺の電話に出てくれないんだもん!」

「はあぁぁぁ〜っ!?」

——ケータイの着信画面に上島サンの名前が出ると、めちゃめちゃヒマでも、

「竜兵か、面倒くさい!!」

——と、無視をするという有吉サン。

仕方ないので急用のときは公衆電話をかけるらしいんだけど、それはそれで、

「今の時代、公衆電話は怪しいだろ」

——と電話に出てくれず、

「有吉を誘いたいときは、テレ朝で待ち伏せするしかないんだよ……」

——どこが〝竜兵会〟の一員なんだか、完全に上島サンと有吉サンの立場は逆転しちゃっているみたい(笑)。

「そんなワケでさ、翔チャンには申しワケないんだけど……」
「大丈夫!! 大丈夫!! 勉強になったから」
「べ、勉強?」

――はてさて、一体どんな勉強になったのでしょうか?

「有吉サンは〝面倒くさいと先輩の電話でも無視するタイプ〟
……だとわかっただけでも十分に参考になるからさ!」

ちょっと不安なスタートだったけど……あれから7年、番組名は『THE夜会』に変わったけど、
櫻井クンと有吉サンとのコンビはバッチリ。
ひょっとして、これも相葉クンのおかげかも――。

ARASHI Chronicle

嵐
2014→2020

ここからは嵐５人が当時語ったフレーズで、

各年代を振り返っていこう。

どの言葉にもそのとき感じていた彼らの想いが詰まっている。

５人のフレーズを見れば、

“あの頃の嵐”が蘇ってくるだろう――。

嵐2014

大野智VS相葉雅紀〝金曜ナイトドラマの顔〟を巡る熱いバトル！

『4月クールの『死神くん』で、やっと相葉クンと同点の2対2になった。
マジ前回から5年も待たされて、
〝先に相葉クンの3本目が決まったらどうしよう〟……ってヒヤヒヤだったよ。
それにしてもせっかくの死神役なんだし、死神らしい能力とかつかないかな？
命を奪うみたいな物騒なヤツじゃなく、
相葉クンの仕事を邪魔する程度の可愛い能力（笑）』

2009年1月クール『歌のおにいさん』以来、約5年ぶりに『死神くん』で〝金曜ナイトドラマ〟に帰ってきた大野智。自身、この枠では2作目の主演となるが、同じく2作に主演した相葉雅紀と、なぜか熾烈な〝主演本数争い〟。その後2018年10月に『僕とシッポと神楽坂』で3作目の主演を飾った相葉クンが、現在までのところ〝3対2〟でリード。

リーダーとして見守ってきた〝嵐の15年〟

『僕は嵐の最年長でリーダーですけど、
この15年でメンバーから学んだことのほうが圧倒的に多いんですよ。
その中でも一番は、目の前の仕事を丁寧に頑張ること。
これってすごく当たり前に聞こえると思いますが、
実はみんなが忘れていることなんです。
ちょっと仕事が調子良くなると、
目の前の仕事よりも先々の仕事や目標にばっかり気持ちが行っちゃう。
それじゃダメなんだってこと、メンバーが教えてくれました』

デビューから15年の間、大野智がメンバーから学んだのは「目の前の仕事を丁寧に一つ一つ頑張ること」。グループとしても個人としても頑張るメンバー一人一人の姿を、リーダーとしてすべて見守ってきたのだ。

〝嵐15周年〟のハワイで見出した〝答え〟

『翔クンに「ハワイで新しい友だちができた」って報告したら、
「えっ⁉ 仕事以外で街に出てないよね?」ってビックリされたんですよ。
だから勇気を出して、
「海と友だちになったんだ」――って言ったら、
ちょっとムッとした顔で「頼むから他で口外しないで」と怒られたんです。
僕、結構マジだったのに……』

『ARASHI BLAST in Hawaii』で滞在したホテルで、新たな〝友だち〟ができたという大野智。新たな友だちになったハワイの大海原に「人生相談とかいろいろ、海に問いかけていた」そうだ。ハワイの海からの答えは、大野クン曰く「君はそのままでいいんだよ」――だった。

櫻井翔が語る松潤の〝スゴいところ〟

『あのドラマから9年も経ってるのに、
いまだに世間から見た〝実像と虚像が正反対〟なところが、
ある意味、松潤のスゴいところ。
あそこまで虚像が膨らむと、普通の人間は実像を虚像に寄せていきたがる。
松潤にはそれがなくて、一切ブレないから』

2005年に放送された『花より男子』で、松本潤が演じた学園の暴君、道明寺司。

ワガママでケンカっ早い〝俺様キャラ〟道明寺のイメージが「放送から9年経った今でも世間に浸透している」と話す櫻井翔。ではその〝松本潤の実像〟とは……?

「実際の松潤は俺様キャラなんかじゃない。あんなにアツくて優しい男はいない」――だそうだ。そして「本当の松潤を知って欲しい」と常に気遣う。

15年間、常に感じてきた〝嵐ゆえのプレッシャー〟

『たまに1人でふらっと散歩したとき、
変かもしれないけど〝歩ける気楽さ〟を感じたりするんですよ。
もちろんそれは〝歩く〟という人間の歩行能力のことじゃなくて、
今は〝歩いていいんだ〟っていう感覚的な話。
俺たちは今、嵐として「常に走り続けていこう」って自分たちで決めているから、
〝ちょっとゆっくり歩こうかな？〟とか、
〝道に迷ったから立ち止まって休んでいこうかな？〟みたいなことが、
気持ちの上で許されないし、許したくない。
だから本当の意味で、歩くときは気楽に歩きたい（笑）』

何事にも正面から真剣に取り組むのが櫻井翔の、そして嵐の素晴らしいところ。しかしそれは、時に自分自身に必要以上のプレッシャーを課してしまうことにもなりかねない。嵐として15年間活動してきた5人が常に感じていたのは〝嵐ゆえのプレッシャー〟だった。

15周年を前に想う〝偽らざる本心〟

『たまに「嵐はアイドル界の頂点」「芸能界のテッペン獲ったね」と、
評価してくださる方がいるんですけど、
僕もメンバーも、そんなこと、これっぽっちも思ってないですよ。
だって嵐はジャニーズ事務所のスタッフ、メディアの皆さん、
そしてファンの皆さんが作り上げてくださった〝作品〟で、
僕らはその作品の〝5分の1ずつのピース〟ですから。
確かに努力はしましたけど、1人ずつが戦ってきたわけじゃない。
〝5人で嵐〟――その気持ちは永遠に変わりません』

嵐15周年を目前にして櫻井翔が『VS嵐』制作スタッフに語った言葉。「嵐は皆さんが作ってくださった作品」「〝5人で嵐〟その気持ちは永遠に変わらない」――それが嵐5人の正真正銘の本音なのだ。

『相葉マナブ』1周年に想う〝マナブ〟姿勢

『『相葉マナブ』も何だかんだいって、もう1年経ったんだね。
いまだに毎週新しい発見に驚かされてばかりだし、
本当、「俺って知らないことばっかりだったんだな〜」って、つくづく思う。
〝生きる知恵〟っていうの?
ニッポンを元気にする番組のはずなのに、俺が元気にしてもらってる感じ(笑)。
できるだけ長く、将来はテレ朝を代表する長寿番組になるとイイな』

2013年4月21日にスタートしたテレビ朝日系『相葉マナブ』。番組1周年を迎えた頃に語った相葉雅紀の想い。2020年で7周年を迎え、今ではすっかり日曜夜の癒し系番組としての地位を確立。これも彼の〝マナブ〟姿勢の賜物。その気持ちが続く限り、願い通りに〝長寿番組〟へと育っていくはずだ。

〝5年連続紅白司会〟——嵐5人の本音

『もうさ、最初に聞いたときは、
〝嬉しい〟とか〝光栄〟とかの気持ちじゃなく、
〝やっちまった〟感がスゴかったんですよ。
抜いちゃいけない〝聖域〟みたいな。
中居クンの記録も、僕ら後輩にとっては同じなんです』

アナウンサーを除き、タレント・歌手としては史上初の〝5年連続〟でNHK紅白歌合戦の司会を務めた嵐。2014年当時、5年連続紅白司会決定を受けて思わず発した相葉雅紀の本音。4年連続で並んでいた中居正広の記録を塗り替え（通算回数は6回）、逆にそのことが「自分たちの重荷になる」と不安を語っていたが、見事その大役を果たした。その後（2016年）相葉雅紀個人でも司会を務め上げ、2020年紅白で、活動休止前、最後の紅白の大舞台に立つ。

15周年を迎えても変わらない〝嵐愛〟

『ハワイでの夢のような日々が過ぎて日本に帰ってきたら、
もうその日から16周年に向かっての毎日が始まってるわけですよ。
いい意味で過去を振り返るヒマはないし、過去を振り返りたくもない。
だって、やることはこれまでと一緒でしょ？
1年目も16年目も同じ気持ちで、嵐は変わらず前に進むだけですもん。
僕はそれをハワイで感じて、
改めて「嵐でいられて本当に幸せ者だなあ～」って噛み締めました』

デビュー会見の地・ハワイで15周年を祝ってもらい、まさに夢心地の日々を過ごした嵐のメンバー。しかし浮かれるのはそこまでで、またすぐに16周年に向けての毎日がスタートした。いつも変わらず「平常心で臨むだけ」と言う相葉雅紀。20周年を迎えても〝嵐愛〟は決して変わらない。そして彼が言うように、何があろうと「嵐は変わらずに前に進むだけ」なのだ。

〝自分たちの引き際は自分たちで見極めたい〟――二宮発言の真意

『何か一時期、俺が〝芸能界を引退したがってる〟
……なんて噂、広がったみたいだね。
せっかくテレビでちゃんとしゃべったんだから、
全部まとめて聞いてくれれば〝そんな話じゃない〟ってわかるのに（苦笑）。
ごく一部だけ逆説的に受け止めるのは良くないよ。
ただ俺が〝自分たちの引き際は自分たちで見極めたい〟気持ちは本当。
芸能界には定年がないから、余計にそう思うんだ』

2013年の年末、NHKの生番組『スタジオパークからこんにちは』にゲスト出演した際の発言「自分たちの引き際は自分たちで見極めたい」――が波紋を巻き起こした二宮和也。実はその発言のきっかけになったのは、タモリが2014年3月いっぱいで『笑っていいとも！』を降板すること。「俺もタモリさんみたいに、自分の幕引きは自分でやれる男になる」と触発されたという。自らの発言を振り返って2014年当時に語った本音。

『弱くても勝てます』で直面した〝衝撃的な現実〟!?

『ちょっと今回、『弱くても勝てます』に出て、いろいろと反省しましたよ。
〝俺もやっぱりアラサーなんだな～〟って、完璧に思い知らされましたから。
自分がいつまでも十代のときのような球を放れるわけじゃないって、
残酷な現実を突きつけられた気分。
とうとう俺も、ジムに通って体を作る時代が来ちゃったかな（笑）』

二宮和也が日本テレビ系ドラマに初主演した2014年4月クール『弱くても勝てます ～青志先生とへっぽこ高校球児の野望～』。教師役にも初挑戦だった彼は、山﨑賢人、福士蒼汰、中島裕翔らの20代の若いキャストたちに溶け込み、撮影合間も自ら率先してキャストたちを引っ張った。しかしその結果――「ダメだ。こいつらと遊ぶとめっちゃ体力消耗する。どうして本番よりもスタンバイや休憩時間のほうが疲れるんだ」……と泣き言を。とはいうものの、そこには〝座長〟として現場を仕切る、成長した姿があった。

嵐20周年ライブに期する二宮和也の〝大いなる夢〟

『ちょっと正直、行く前は「(仕事ビッシリかい!)」って、
内心ムッとしてたんですけど、
行ってみたら「もう仕事ない(終わった)の?」……って、
寂しくなっちゃった(苦笑)。
15周年ライブがサイコーに楽しかったのもあるし、仕事もバッチリだった。
もし20周年をやらせてもらえるなら、また絶対に海外でやりたい。
そして仕事をいっぱい入れて、1ヶ月ぐらい滞在したい(笑)』

15周年ライブのハワイでの滞在があまりにも楽しく、帰国後もしばらく余韻を味わっていたという二宮和也。「もし20周年をやらせてもらえるなら絶対に海外でやりたい」と当時明かした夢が「ラスベガスでやりたい」。「あそこでコンサートやショーをやるのは、エンターテインメントに関わる者、すべての憧れだから」——と夢を語っていた。

残念ながら〝20周年ラスベガスライブ〟の夢は実現しなかったが、いつか5人でラスベガスのステージに立つ嵐を見てみたい。

〝5年連続紅白司会〟に臨む松本潤の並々ならぬ決意

『日テレのスタッフさんたちと食事をしているとき、ある人が、
「5年連続の司会はスゴいけど、俺がもし演出を頼まれても絶対にやりたくない。
だって寿命も5年短くなるもん」
――と、『紅白歌合戦』について、おもしろいことを言ったんですよ。
「『紅白』だけは1年で唯一〝視聴率を気にしなきゃいけない番組〟で、
司会はもちろんスタッフのプレッシャーも、
寿命が縮まるぐらい半端ないから」……って。
これまでの4年間、視聴率についてはどこか他人事を装ってたけど、
今年は自分たちの（15周年の）締め括りでもあるし、
何とかしなきゃいけない気持ちが強いです』

15周年の締め括りに5年連続の『NHK紅白歌合戦』司会を務めた嵐。司会のみならず白組の大トリも務め（紅組大トリは松田聖子）、視聴率も前半35％超え、後半42％超えと高視聴率を記録。嵐は15周年の締め括りを見事に飾った。

15周年コンサートに懸ける嵐メンバーのアツい想い

『ファンのみんなは国立競技場を嵐の〝聖地〟と呼ぶけど、
メンバーにとってはハワイこそが聖地であり〝原点〟。
15年前、事務所で「パスポート持ってる?」――と、
社長に聞かれたときから始まった嵐の歴史は、
まずハワイで華麗なオープニングを飾ったからね。
何が言いたいかというと、そんなハワイでコンサートを開けるのは夢みたいだし、
日本からツアーで来てくれるファンのみんなを、
絶対に「行って良かった」と言わせる自信があるってこと』

デビュー15周年を記念し、2014年9月19日・20日(現地時間)にハワイでコンサートを行った嵐。「絶対に成功させなければならない!」と、メンバーがこのコンサートに懸ける想いはアツかった。そのプレッシャーはどれほど大きかっただろう。しかし松本潤は「人生はプレッシャーがあるからこそおもしろい。そのプレッシャーが強ければ強いほど、はねのける方法を考えることが楽しい」と語った。

松本潤が大切にしている先輩や後輩との〝絆〟

『嵐としての15周年はハワイで一区切りがついたから、

「今度はTOKIO、関ジャニ∞と3組で、メモリアル的なステージが出来たらいいな」――と思ってるんですよ。

わかりやすいのは大晦日の〝カウコン〟ですけど、紅白の司会をやらせてもらうようになってからは、ブイ(VTR)でしか出演してないし。

何とかならないかな?

TOKIOにも関ジャニ∞にも恩返しがしたいから』

1999年デビューの嵐が15周年を迎えた2014年は、1994年デビューのTOKIOが20周年、2004年デビューの関ジャニ∞が10周年を迎えた。しかしそれゆえ、3組で共演したい望みを松本潤は持っていた。「自分たちの15周年をお膳立てしてもらって、いろんな晴れ舞台が用意されたのは嬉しいけど、祝われるのは自分たちだけじゃない」――先輩や後輩との〝絆〟を人一倍大切にしているのが、松本潤という男なのだ。

嵐2015

大野智〝プライベートの目標〟

『これは2015年だけの目標じゃなく2016年も2017年も、出来れば芸能人をやってる間のプライベートの目標なんですけど、〝いかにして目立たず静かに生きていくか〟――を、ずっと毎日考えてます。だって僕、こんなに目立つ仕事をやってるんですよ?プライベートぐらいは目立ちたくないじゃないですか。特に釣りをやってるときなんて、お魚さんにも気づかれないぐらい気配を消さないと……(笑)』

2015年当時、こう話していた大野智。不器用な性格で、仕事とプライベートのバランスを取るのが下手だという彼は、誰よりも物事を深く考える一面を持っていて、飄々とした態度の下に様々な感情を隠してここまでやってきた。「嵐として表に立って目立っている以上、プライベートぐらいはひっそり静かに目立たずに生きていきたい」――そんな想いが〝活動休止〟の決断へとつながっていったのかもしれない。

『FREESTYLE Ⅱ』で見せるアーティスト・大野智の〝進化〟

『一昨年は奈良さんと、去年は草間さんと、チャリティTシャツでコラボさせていただいてから、実はお2人とも仲良くさせてもらってるんですよ。作品はもちろんのこと、物事の本質を見抜く観察眼や、それを形にする発想力にはいつも驚かされていてばかりで、いつも〝こんな見方があるんだ……〟って衝撃を受けるんですよね』

2015年7月24日から8月23日までの1ヶ月間、2回目の個展『FREESTYLE Ⅱ』を開催した大野智。出展された作品は、フィギュア15点、絵画15点の合計30点。初挑戦の油絵(縦2m×横2m)もあった。日本テレビ系『24時間テレビ』のチャリティ企画だったとはいえ、日本が誇る世界的な芸術家、奈良美智氏、草間彌生氏と2年連続でコラボレーションを行った彼は2人との出会いに刺激を受け、新たな創作の〝進化〟を見せた。「アーティストは自己満足ではいけない。人の心を揺さぶる作品を生み出す義務がある」――そう語った彼は、アーティストとして進化を続けているのだ。

〝もし嵐を辞めていたとしても〟……大野智の揺るぎない信念

『もし嵐を辞めていたとしても、僕は後悔していなかったと思う。
自分が幸せかどうか、結局は自分が決めることだから。
僕は自分で責任が取れる決断しかしないし、
それで決断したなら後悔するはずがないんです』

2015年7月31日に放送された日本テレビ系『アイドルの今、コレカラ』で、プライベートでも親交があるNEWS・加藤シゲアキと対談した大野智は、「フィギュアやオブジェを作り始めてから、嵐を辞めたかった。最初の個展をキリにしたかった。でも嵐が忙しくなって辞められなくなった」――と、過去に「嵐を辞めたかった」事実を明かした。その発言は様々な反響を呼んだが、当の本人は「自分が幸せかどうか、結局は自分が決めることだから」と自分の信念に揺らぎはなかった。そんな彼の想いには〝決して自分を裏切らない〟強い意志も感じさせる。

後輩たちとの〝絆〟を築いてくれた『究極バトル〝ゼウス〟』

「『ゼウス』は僕にとって、いろんな意味で〝いい番組〟。
本当、やらせてもらえてよかったです。
めったに会わない後輩たちともガチの汗を流せて、
終わった後は運動部の監督になった気分。
それにしても驚きなのは、
この僕が18人の後輩を引き連れて〝リーダー〟になったことですよ。
いつの間に僕、リーダーをやる年齢になっちゃったんだろう（笑）」

2015年4月9日にオンエアされたTBS系のスペシャル番組『究極バトル〝ゼウス〟』。櫻井翔率いるジャニーズ軍と有吉弘行率いる芸人軍が、6種目の肉弾戦で決着をつけた。結果的には敗北したジャニーズ軍が〝屈辱の土下座〟を味わったが、しかし彼は、それを補って余りある後輩たちとの絆を得た。「同じジャニーズ事務所でも、いつもはアイツらはライバル同士。それが勝利に向かって1つになっていく姿は、先輩として〝いいモノを見せてもらった〟以外の何モノでもない。クサいセリフだけど、マジに絆を感じてますから」――と語った。

〝永遠のアイドルV6〟デビュー20周年に寄せる特別な想い

『僕らは兄貴たちの背中から大切なことを学んだ。
〝1人1人がやれることは小さくても、5人揃えばソコソコ大きい〟
——ってことを。
それだけは絶対に忘れてはいけないんです』

2015年、V6のデビュー20周年に寄せる櫻井翔の言葉は、先輩に対する尊敬と愛情が込められた真摯なセリフ。2015年11月3日、約7年ぶりに〝一夜かぎりの復活〟と銘打って放送された『学校へ行こう！ 2015』3時間スペシャルを見た彼は「あの頃のJr.たちにとって『学校へ行こう！』は特別な番組」と興奮し、「自分たちには単なる先輩じゃなく、唯一〝兄貴〟と呼びたいグループ。その兄貴たちの背中は、僕らにとって永遠に近づけない〝4歩差〟の先にある。1年1年、1歩ずつ前に進んでも、4年の4歩は縮まらない。ずっと兄貴たちの背中を目標に歩いてきたんです」と言い、「V6は嵐にとって永遠のアイドルなんですから」——と語った。

6年ぶりの〝カウコン出演〟への特別な想い

『今年、久しぶりにカウコンに出られるけど、
やっぱりカウントダウンを先輩や後輩たちと迎えるのは特別な瞬間。
年末の音楽祭でジャニーズが大集合する番組があっても、
東京ドームの生ステージは全然違うから。
2016年はJr.の子たちから新しいデビュー組が出て、
もっと活性化して欲しいと思いますね』

2015年12月31日の『ジャニーズカウントダウンコンサート』に、2009年以来の生出演を果たした嵐。6年ぶりの出演に寄せて櫻井翔が語った言葉。カウントダウンコンサートは「自分がジャニーズの一員だと改めて自覚する1年の締め」で、紅白歌合戦は「あくまでも嵐というグループの締め」。彼にとっても〝カウコン〟は、ジャニーズ所属アイドルとしてスペシャルな、年に一度の〝祭典〟なのだ。

〝月9初主演〟で悩んだ末に自ら導き出した答え

『今回は前回の『ラストホープ』よりも濃く絡む相手が多いし、
原作は〝ヒットして当たり前〟の池井戸作品。
どこまで自分の力を見せられるか、
チームを熟成させられるかにかかってましたね。
実はクランクイン前、わざと周りに、
「俺もついに月9の主役だよ～」と浮かれてみせたのも、
そのプレッシャーを隠すため。
でもニノには「大丈夫。寺尾聰さんに任せればいいから」
……ってバレバレでしたけど（笑）』

2015年4月クールのフジテレビ系・月9ドラマ『ようこそ、わが家へ』で、初めての月9主演の大役を果たした相葉雅紀。〝争い事が嫌いで気弱だけど誠実なお人好し〟の健太をキッチリと演じ切った。「〝月9〟って、全然雰囲気が違うんだよな～」と、月9初主演のプレッシャーが容赦なく襲ったが、二宮和也のアドバイスのおかげか、〝座長〟として立派に務め上げた。

『ようこそ、わが家へ』で役者・相葉雅紀が手に入れた〝新たな武器〟

『何でかわかんないんですけど、
『ようこそ、わが家へ』がオンエアされるようになってから、
他の仕事で会うカメラマンさんや雑誌の編集さんに、
やたらと「相葉くんはカッコいい」って言われることが増えたんです。
ほら、嵐もメンバー全員が30歳を越えて、
アイドル雑誌のレギュラーから卒業しちゃったでしょ？
自然と取材で会う人も初対面の人が多いし、
僕の顔を見慣れてないせいかもしれないけど……』

『ようこそ、わが家へ』がこれまでの主演作と違うのは、相葉雅紀の〝表情の演技〟が格段に増えたこと。ストーカーの存在に恐怖する表情から、最後は毅然とした態度で追い詰める表情まで、まさに〝相葉雅紀百面相〟が楽しめたと言っても過言ではない。そんな彼に対して次々に寄せられるのが、ルックスを称賛する声また声。〝説得力ある表情の芝居〟という、役者としての武器をまた一つ手に入れたことで、〝役者・相葉雅紀〟の魅力もさらにステージアップした。

『イチゲンさん』で得たヒント

『10月から始まった『イチゲンさん』の街ロケ、
自分が行ったことがない街はテンション上がりますよね。
それと〝アテンドさん〟の大吉さんを見ていて感じたのは、
素人イジりが上手い人は〝人づき合いも上手い〟ってことですね。
いい感じで毒舌でイジれるのも、大吉さんの人当たりの良さがあるから。
僕も人当たりを良くして、バンバンと素人さんをイジっていきたい。
そのためには〝人嫌いにならない〟ことが必要な気がするな』

2015年10月クールに『トーキョーライブ22時』からリニューアルした、テレビ東京系『～突撃！ はじめましてバラエティ～ イチゲンさん』。週替わりのレギュラーがアテンド役・博多大吉の案内でディープスポットを探すこの番組で、相葉雅紀は自分のウイークポイントを克服するために、大吉をジックリと観察。カメラが止まるたびに、「今のフリとツッコミ、すごかった」「やっぱり素人イジりの天才だな～」――と、大吉の仕切りに感心しまくり。必死にロケのテクニックを盗もうとしていた。

『嵐にしやがれ』リニューアルの裏にあるメンバーの〝強い要望〟

『やっぱりさ、嵐も世間から見たら、みんな〝オッさん〟世代なんですよ。
それはもう、年は減らないから仕方がないわけ。
でもだからといって、オッさんらしく落ち着いて安定した仕事だけでいいの？
……いや、ダメに決まってるよね。
まだ体力や体のキレがあるうちに、ちょっと気合い入れて取り組まないと。
僕らよりも年上のＴＯＫＩＯパイセンが体を張ってるのに、
僕らが張らないでどーすんのよ！』

２０１５年４月から番組をリニューアルし、トークバラエティからロケ中心の〝体当たりバラエティ〟へと変貌した『嵐にしやがれ』（日本テレビ系）。メンバー全員が30歳を過ぎてからの〝チャレンジ物〟は体力的に厳しいものもあるが、二宮和也曰く「これはメンバーからの強い要望」によるものだった。『二宮和也の小っちゃな野望』をはじめ、『大野智の作ってみよう』『櫻井翔のお忍び旅行』『相葉雅紀の代行調査』『松本潤のＴＨＩＳ ＩＳ ＭＪ』……５人はリニューアルされた各コーナーで新境地を切り拓いた。

会見での発言に込めた二宮和也の〝正直な想い〟

『やはり嵐じゃないですか？
世界にひとつだと思う。
4人でも6人でも違う。
5人で並んでいるときに（ひとつだと）感じる。
常に感じているわけではないけど、嵐かと思う』

2015年6月18日、CM出演するJCBカードの新CMシリーズの記者会見で、「（二宮和也にとっての）〝世界にひとつ〟とは?」という質問に答えた発言。

活動休止記者会見で語った「5人で嵐」にも通じる、嵐のメンバーに対する正直な想い。やはり「嵐は〝5人で嵐〟」——なのだ。

『赤めだか』への高い評価に対する〝役者・二宮和也〟の意識

『僕は〝世の中に100%絶対なことは100%ない〟と思ってるから、甘い言葉は信用しないようにしています。だからよく芝居を褒めて頂いたり、バラエティのリアクションをおもしろいと評価して頂くことがあっても、ある意味、真に受けないようにしているんですよ。もちろん素直に嬉しいけど、その言葉に甘えちゃいけない』

2015年12月28日放送のTBS年末ドラマスペシャル『赤めだか』に出演した二宮和也は、共演したビートたけし（立川談志役）に「あのアンちゃんはいいね。繊細な役から狂気的な役まで何でも出来る」と絶賛された。人伝にそれを聞いた彼の発言がこれ。さらに続けて「その言葉に甘えてその気になったら、僕の成長はそこでピタリと止まる。常に危機感を持っているからこそ、〝100%絶対はない〟って気持ちを忘れないいんですよ」――と語った。二宮和也という役者の〝意識の高さ〟がわかる発言だ。

嵐メンバーが櫻井翔に寄せる〝絶対的な信頼感〟

『紅白の司会を5年やらせてもらって、今回、特に感じたのが、
〝翔クンの存在がいかに大きいか〟――ってこと。
何だろう？ あの安定感というか信頼感というか、
隣にいてくれるだけで司会が成功する確信が持てるんですよね』

前年（2014年）の紅白歌合戦を振り返って松本潤が語った言葉。櫻井翔を信頼する最も大きな理由は、本番の生放送以前の、紅白恒例の〝司会者面談〟。白組司会の嵐メンバー全員と紅組司会（吉高由里子）、総合司会（有働アナ）らが長机に横一列に並び、出場歌手全員と1対1で面接を行い、曲紹介のネタを聞き出したり、ちょっとした雑談でコミュニケーションを図る。その席での様子を「僕ら4人、その場にいなくても何の問題もなかったかも」――と、櫻井翔の進行ぶりを絶賛した。ちなみにこの年の紅白で嵐は初めて〝トリ〟の大役を果たし、「本当に素晴らしい15周年だった」――と、松本潤は感激して語った。

『ARASHI BLAST in Miyagi』に懸ける新たなチャレンジ

『東日本大震災の復興イベントのお手伝いも出来るなら、
それはもう、ずっと僕らもやりたかったことで、
願ったり叶ったりだと思ったんです。
東北のライブも2007年から出来てなかったし、何としても参加したかった。
仮に、従来のエンタテインメントに出来ることに限界があるなら、
新しいエンタテインメントの形を作ればいい。
演出家としても、チャレンジだと捉えています』

2015年9月19日から23日までのシルバーウィークの期間中（21日は休演）、宮城県利府町の〝ひとめぼれスタジアム宮城〟で開催された『ARASHI BLAST in Miyagi』。スタジアムがある宮城県総合運動公園を『嵐ランド』とし、期間中は様々なイベントで復興の気運を高める一大イベント。

かねてから嵐単独で復興に携わりたかった願いが、東北の地で叶った。

「それが僕らに出来る、僕らなりの復興への第一歩。〝そのために『嵐ランド』が新しいエンタテインメントの形を作るんだ！〟って考えてます」――当時、松本潤が語った意気込み。彼は演出家生命を賭けて臨んだ。

『V6 20周年』で感じた〝年輪の重みと価値〟

『先輩たちの20年という歴史をバックダンサー時代からずっと見てきて、
改めて感じました。
「一つ年を取れば、また一つ新しい自分に出逢える。
人はそうして歩んでいるし、これからが本当に楽しみだな～」――って。
嵐の20周年まで、あと4年。
1年1年ワクワクしてたまらない』

V6の20周年当日に行われたコンサート『V6 LIVE TOUR-SINCE 1995～FOREVER-』（国立代々木第一体育館）のアンコール1曲目『TAKE ME HIGHER』でジャニーズJr.時代のようにバックダンサーを務めた嵐。「自分たちのコンサートよりも緊張した。振りを間違える夢も見たし」――と笑う松本潤。そんな時間の中で改めて感じたものは、自分たちがエンターテインメントのステージに立ち続けたからこそ感じる〝年輪の重みと価値〟だった。

嵐2016

〝役者・大野智〟が新境地を開拓した初挑戦のラブコメ『世界一難しい恋』

『人でも物でも「とにかく勢いのあるモノには逆らわずに乗れ」
——が、僕の教訓の一つですね。
先に何が待っているのかまったくわからなくても、
勢いに乗らなきゃもったいない。
そういう意味でも、今回のドラマは楽しみにしてますよ』

2016年4月クール、日本テレビ系『世界一難しい恋』で〝性格に難がある34歳の独身セレブが初恋に目覚める〟という一癖も二癖もある設定に挑んだ大野智。自身初のラブコメディにチャレンジしたが、ヒロイン役を務めた波瑠に対し持っていた印象は「とにかく勢いのあるモノには〝逆らわずに乗れ〟」。近年の朝ドラで最高視聴率を記録した『あさが来た』に主演した波瑠が相手役だけに「その勢いには逆らうな」——が彼の心境だったとか。結果、ドラマも好評で、役者・大野智として新境地を開拓した作品となった。

〝旦那さんにしたいランキング〟――最下位・大野智のショック

『地味にショックなのが……
『嵐の中で旦那さんにしたいランキング』の第5位。
一番年上の俺が〝一番旦那にしたくない〟って、
要するに、ほぼ生涯独身じゃん!』

2016年、某インターネットサイトが行った〝嵐の中で旦那さんにしたいランキング〟のアンケートを取った結果、何と支持率9.5%の最下位にランクされた大野智。支持率38.0%を獲得し、4倍の支持を集めて断トツだった櫻井翔との差に「完全に納得いかない!」と憤然とする。ちなみに2人以外のランキングはというと――2位「相葉雅紀 29.5%」、3位「松本潤 14.8%」、4位「二宮和也 10.5%」。「俺ってそんなに旦那にしたくないかな? 好き嫌い以前に、〝旦那さんにしたいランキング5位〟だけは勘弁して欲しかった」――どうにも納得いかない表情で語った大野クンだった。

36歳を迎える大野智がずっと意識してきた〝同学年のライバル〟

『何だかんだいって11月26日になれば、僕も36歳になっちゃうわけですよ。
そこで〝絶対に比べちゃいけない、落ち込むから絶対にダメ！〟と、
何日も前から思っていても、きっと比べるに決まってるのが、
同い年の岡田准一クン。
それでやっぱり、「俺にはちょっと自立が足りないかな〜」
……とか、思い知らされるのが、1年に一度の誕生日（笑）』

1年に一度、新たな年令を刻むと共に、どうしても脳裏をよぎるのが同い年の〝彼〟の存在。デビューは4年早く、しかもテレビ番組経由の特待生扱いだった彼に何とか追いつきたい——。そんな欲や煩悩を1年に一度だけ思い出す、大野智の誕生日。

「向こうは本当、ウチの事務所を代表するムービースターだし、いくら僕が創作活動で認められたとしても、むしろアーティストとしてはタレント兼業のデメリットのほうが大きい。だから無理をしないで、どんだけ素の自分であらゆる活動に臨めるかを、〝36歳のテーマにしてみようかな？〟と思ってるんです」——と語っていた大野智。

そう、同学年の岡田准一を〝仮想ライバル〟として、ずっと意識してきたのだ。

〝KAT-TUN充電〟についての本音

『正直、〝KAT-TUNの充電〟……実際には休業だけど、
それは残念でたまりませんね。
彼らとは路線は違っても、
やっぱり〝一番のライバル〟であることに違いはありませんから。
僕らの仕事、ライバルからの刺激がないと成長しない』

2016年5月1日の東京ドームコンサートをもって無期限の〝充電期間〟に入ったKAT-TUN(2018年から再始動)。2001年に結成されたKAT-TUNは、Jr.時代にわずかだが嵐のバックについたことがあった。年齢的にさほど離れていなかったこともあり、Jr.時代から大注目されていたKAT-TUNに〝ライバル意識〟を持ち、メンバー全員、口を揃えて「初めて後輩に抜かされる恐怖を感じた」

――と言う。そんなKAT-TUNは、すでに〝KUN〟しか残っていない。

「人生って自分にだけじゃなく何が起こるかわからない、その怖さを感じましたね」

――嵐活動休止を前に、櫻井翔は今何を想うのだろうか。

〝SMAP解散〟で嵐が背負う責任と期待

『誰かに頼まれたわけじゃないのに、必要以上に自分たちに負荷をかけている。
客観的に見て、それが最近の俺たちの〝ウィークポイント〟。
本当はもっと気楽にやりたいんだけど、
いろんな仕事をさせて頂けば頂くほど、そういう気持ちは持てなくなる。
つまり〝責任を感じる〟って、そういうことなんだよね』

2016年に発表された〝SMAP解散〟(2016年12月31日解散)。〝SMAPの後継グループ〟として、自分たちが思う以上に大きい〝嵐〟の存在と商品価値。SMAPがいなくなる2017年以降の自分たちの立場、そこに生じる責任について語る櫻井翔の言葉。「今の自分たちにかけられている期待とか、あるいは将来的に〝嵐はこうなって欲しい〟みたいな設計図が最近リアルに見えるようになって、〝自分で自分のことを優等生の型にハメてる〟……そんな窮屈な仕事が急激に増えてる気がするんですよ」――当時そう語っていた。

『NEWS ZERO』10周年、キャスター櫻井翔の〝変わらぬポリシー〟

『2006年の頃の自分と2016年の自分、
正直、キャスターとしての成長云々は自分では評価出来ないけど、
でもこれだけは、ビックリするぐらい変わらずに、
やってこられたことはありますよ。
それは〝1日に一つ、何かを得て帰る〟と自分に課したルール。
単純に1年52週×10年、
ラジオ体操のスタンプだって、ここまでは溜められないでしょ!』

2006年10月、日本テレビ52年ぶりの改編によって誕生した『NEWS ZERO』。
2016年10月で番組開始から10周年を迎え、キャスター櫻井翔にかかる期待や責任も、より大きなものに。スタート当初、バリバリのアイドルだった彼に対しては、いくら慶応大学卒業の勲章があったとしても、「どうせ1年ももたない」「忙しくなったら辞めるに決まってる」……などの陰口が叩かれていたのは事実。しかしそんなプレッシャーをモノともせず、彼はキャスターとして成長し続けた。「本当にカッコつけてるわけで何でもなく、気がついたら10年経ってたんですよ」――これからもキャスター櫻井翔は変わらずに〝1日に一つ〟何かを得ていくに違いない。

NHK『グッと！スポーツ』で挑む〝スポーツ担当〟への道

『これがさ、自分でも正直しんどい仕事なんですよ（苦笑）。
でも僕にそのしんどい仕事をオファーしてくださったのには、
僕じゃなきゃいけない〝何か〟がある。
その〝何か〟を、頑張って最終回まではモノにしてやろうと思ってますよ』

2016年4月5日からスタートした、NHK『グッと！スポーツ』（～2019年12月まで）。

相葉雅紀が一流のアスリートゲストとトークを繰り広げるこの番組。「最初、話を聞いたときはめちゃめちゃ嬉しかったですね。スポーツ好きにとっては、夢のような仕事ですから」と喜んでいたが、実際やってみると「ちょっと想像とは違った感じ」でしんどかったそうだ。しかしそこは「やるときはやる、それが相葉雅紀ですから」――の意気込み通り、〝相葉らしいスタイル〟で新しいスポーツ担当の座を獲得した。

リオデジャネイロ五輪――相葉流・敗戦の論理

『僕も五輪までの半年間ぐらい、一流のアスリートとばかり接してきたから、超確信がありますよ。

「勝つ喜びばかりを知っている選手より、負ける悔しさを知っている選手のほうが、最終的には何倍も強くなるんだぞ」――って』

2016年のリオデジャネイロ五輪での最大の衝撃は、あの〝霊長類最強女子〟こと女子レスリング53kg級代表の吉田沙保里選手が、アメリカのヘレン・マロウリス選手に決勝戦で破れたことだろう。『グッと！スポーツ』で吉田選手と語り合った相葉雅紀は、あえてその敗戦に触れた。「でも負けたことは超前向きで受け止めている」とも。

その理由は「勝つ喜びばかりを知っている選手より負ける悔しさを知っている選手のほうが、最終的には何倍も強くなる」――から。スポーツのみならず〝人生そのもの〟にも通じる名言だ。

『相葉マナブ』4周年を前に芽生えた新たな意欲

『もうね。日本中どこにでも行きたい！
何なら〝包丁王子〟として、包丁一本だけ懐に入れて回ってもいいよ。
来年の4月で4周年だから、それを機に日本全国に飛び出したい。
マジに知らないことだらけだもん』

2013年4月にスタートしたテレビ朝日系『相葉マナブ』で、2016年9月末に初の高知ロケを行った相葉雅紀は、それをきっかけに、改めて「日本を知りたい！」意欲が芽生えた。「『相葉マナブ』のロケは、もともと大好きだったんですよ。自分で体験したことがすべて実になるし、カメラが回ってることを忘れて熱中出来るから。特にこの前行った高知は、リアルに〝サイコー〟としか言いようがない。俺的にもベスト・オブ・ロケだった」――と当時興奮気味に語っていた。2020年で番組スタート7周年を迎える『相葉マナブ』は、これからも〝ニッポンを元気に！〟してくれるだろう。

『暗殺教室』で10年ぶりの声優出演した意気込み

『声は久々だったけど楽しかった。
でも殺せんせーはCGじゃなく、被り物でもやったのに』

2015年、映画『暗殺教室』で〝殺せんせー〟役の声優を務めた二宮和也は、2016年春公開の『暗殺教室―卒業編―』では一転、凄腕の殺し屋〝死神〟役でも出演。声の出演としては〝殺せんせー〟役が『鉄コン筋クリート』(2006年公開)以来、10年ぶりだったが、2作目の『卒業編』に出演するにあたり、主演のHey! Say! JUMP山田涼介に「死神役のビッグサプライズをゴメンね。今回は俺、山田クンの主役を完全に喰っちゃうわ」――と、先輩ならではの激励メッセージを贈った。

『第39回日本アカデミー賞』最優秀主演男優賞を受賞した理由

『自分で言うのも何だけど、
僕のこの〝絶妙のまあまあ感〟的なルックスは、
相手の緊張を解く魔法をかけられるんですよ(笑)。
それと最近、密かに叩かれていたらしいけど、
僕の言葉遣いは〝馴れ馴れしい〟んじゃなく〝親しげ〟だからね。
要するにトータルでいえば〝ベスト・オブ・親近感〟男子かな?』

第39回日本アカデミー賞(2015年度)、『母と暮せば』で最優秀主演男優賞を受賞した二宮和也が、2016年に行われた受賞パーティーの片隅で語っていた、自分の意外な受賞理由。「ぶっちゃけ、役所広司さんに佐藤浩市さん、内野聖陽さんって揃ったら、めちゃめちゃ強面で迫力がありますからね。芝居もルックスも超激辛、ビビんないほうがおかしい。その点、審査員の皆さんがつい1票入れたくなる親近感を感じさせる男、それが二宮和也なんです」——だそうだ。

日本アカデミー賞受賞の〝付加価値〟

『今、俺は――

〝第39回 日本アカデミー賞 最優秀主演男優賞を、

『母と暮せば』で受賞した二宮和也〟

――なんですよ。

来年になるまで、俺が最新の〝最優秀主演男優賞〟であり続けるんですよ。

正直、ここまで受賞の付加価値が大きいとは、想像もしていませんでしたね』

〝日本アカデミー賞 最優秀主演男優賞〟を受賞したことでどんな変化があったのだろうか? 「ぶっちゃけ今まではどんだけ頑張っても、最終的には〝所詮アイドル〟〝帰る場所があるヤツはいいよな〟……みたいな、そんな陰口もまったく叩かれなかったわけでもない。いや、むしろ叩かれた」という二宮和也。「役者として日本アカデミー賞を受賞して、初めてわかったことがあるんですよ。やっぱみんな、俺を見る目が変わった」――今では彼のことを〝所詮アイドル〟などと見る者はいない。誰もが〝役者・二宮和也〟として高く評価している。

『99.9 ─刑事専門弁護士─』──松本潤の新たなチャレンジ

**『これまでにいろんな役を演じさせてもらって、
中には最後まで満足のいかなかった役もあれば、
台本を頂いた瞬間に〝ビビッ〟と感じた役もあるけど、
キャリアを重ねるうちに自分の一方的なこだわりやワガママは、
ずいぶんと修正されたと思うな』**

2016年4月クールに主演した『99・9 ─刑事専門弁護士─』にクランクインする直前に松本潤が語った言葉。初めての弁護士役であることはもちろん、ドラマの設定自体が、これまでの連ドラにはなかった〝刑事事件専門の弁護士たちが難事件に挑む〟ストーリーに、さすがの彼も不安になっていたという。「まず自分の中に、弁護士的な要素がない。はい、終了（笑）」──などとおどけてプレッシャーを吐露していたが、終わってみれば〝深山大翔〟を見事に演じ、役者としてまた一皮剥けた。2018年には『SEASONⅡ』もオンエアされ、役者・松本潤の代表作の一つとなった。

7年ぶりTBS系ドラマ主演にあたっての抱負

『スタッフさんも一巡したというか、
俺が昔お世話になった方の顔、あんまり見ないんですよね（苦笑）。
やっぱり一日も早く、スタッフさんとは仲良くなりたい。
そのために必要なのは、俺がスタッフさん全員の名前を覚えること』

2009年4月クール『スマイル』以来、実にTBS系では7年ぶりの主演ドラマとなった『99．9ー刑事専門弁護士ー』。『スマイル』の翌年には『夏の恋は虹色に輝く』（2010年）で初の月9ドラマ主演を果たすと、以降『ラッキーセブン』（2012年）、『失恋ショコラティエ』（2014年）と月9ドラマが続いた。久しぶりのTBS系ドラマで、ほとんどのスタッフが初顔合わせの中、現場に溶け込むためにしたことはスタッフ全員の名前を覚えること。「まず鉄則として向こう3年間、いや〝5年間は忘れない！〟ぐらいの意気込みがないと、ちゃんと覚えるうちに入んないね。特にありふれた名前や被る名前の場合、その人との会話の中に、しつこいぐらい名前を入れるのが一番」

――だとか。

『FNS27時間テレビ』への反響に対する正直な想い

『正直、ネットで「マッジュンなら成功してた」――と出てた時は、
Hey! Say! JUMPには悪いけど、
〝みんなに期待されている〟喜びはあったよ。
だって俺らの仕事は、こちらからは見えない視聴者の期待に応えることだから』

2016年の7月23日~24日に放送された『FNS27時間テレビ』のMC(リレー形式)を務めたHey! Say! JUMP。番組のエンディングでは全国縦断企画で行われた〝高校生スーパーダンク選手権〟の決勝に勝ち残った3校とHey! Say! JUMP、合わせて27名のメンバーによる〝一発勝負〟で成功を目指すチャレンジが行われたが、結局何度やっても失敗。Hey! Say! JUMPはメンバー9人ですらつなげない大失態を演じて、番組終了後にはネット上で批判が飛び交う事態に。中には『マッジュンなら成功してた』の書き込みも。「相葉クンに話したら、〝マツジュンは甘い!〟って怒られて……。〝期待に応えるだけじゃ、ただのスター。期待を超えるのがスーパースターだぞ!〟――と。いや、それは結構いい言葉だけど、今は使いどころが違うよね?」――と苦笑い。

嵐2017

映画『忍びの国』で出された〝謎の指示〟

『『忍びの国』の撮影中のエピソードで〝鉄板ネタ〟にしてるのが、
中村義洋監督からの〝謎の指示〟。
クランクイン前、まだ『世界一難しい恋』の撮影中、
監督からどうしても「体を柔らかくしておいて欲しい」——と言われて、
股関節を伸ばすフィッティングマシーンを買ったんです。
その時は特に深く考えず、きっと股を一気に開いて着地するとか、
そういうアクロバットのためだろう……と思っていたら、
本番は体が固いままでもこなせるアクションばっかだったんですよ（苦笑）』

2017年7月公開の映画『忍びの国』で主役の〝無門〟を演じた大野智。

タッグを組んだ監督は『映画 怪物くん』（2011年公開）の中村義洋監督。

なぜアクションとはまったく関係ない「体を柔らかくしておいて欲しい」の指示が来たのか？「満員御礼の打ち上げでコッソリと聞いたら、『忍はたぶん、体が柔らかいはずだから』——って。〝なんでねん！〟とツッコむのが精一杯でした」——と笑って明かした。

『嵐のワクワク学校2017』で共演した後輩グループへの期待

『今年の『嵐のワクワク学校』で組んだSexy Zoneって、
将来かなり有望だと踏んだね。
彼らは5人共とにかく素直で真面目、そして謙虚。
そういう若い子たちって、
「芸能界にいつまでも生き残って欲しい」——と思わせてくれる。
同じ5人組だし、〝ポスト嵐〟としても応援したい』

『嵐のワクワク学校 2017』で共演したSexy Zoneについて大絶賛する大野智。

それまで共演機会の少なかった両グループだが、これをきっかけに嵐との共演機会も増えた。「2015年から後輩がお手伝いで加わってくれて、Hey! Say! JUMP、ジャニーズWEST、Sexy Zoneの順で頑張ってくれたけど、そうなると来年はどうするんだろうね」——と気にしていたが、翌年(2018年)もSexy Zoneに。

2019年は再びスタートのHey! Say! JUMPに戻った『ワクワク学校』だが、2020年からは嵐は参加せず他のグループに継承される。

『先に生まれただけの僕』で〝初の校長役〟に挑む意気込み

『『先に生まれただけの僕』で初めて校長先生役をやらせて頂くんですけど、35歳にして学園ドラマであと残っている主要ポジションは、〝教頭先生だけ〟っていうのは、学園ドラマ業界では記録的なスピード出世じゃないのかな?』

2017年10月クール『先に生まれただけの僕』で、初の校長役に挑戦した櫻井翔。エリート商社マンではなく〝ごくごく平凡な社員〟が学園の立て直しのために私立高校の校長として送り込まれる。「確かに校長先生役ではあるけど、俺は学校を経営する商社から出向してきた、ごく平凡な商社マン。だいたい、この手の設定だと、超エリートが学園の経営を立て直すパターンになるのが王道なのに、普通の男が奮闘するからいいんだよね」——と話していた彼は、役者として新たな一面を見せてくれた。「あっ、そういえば学園ドラマ業界の主要ポジ、もう一つ忘れていた! うん、保健室のセンセイ(爆)」——ちなみに憧れの保健室のセンセイ・綾野沙織を演じたのは井川遥。

『24時間テレビ40』で見せた〝プロ〟としての矜持

『『24時間テレビ40』のメインパーソナリティを、亀梨、小山の3人で務めさせて頂くことが発表されたとき、行く先々で「大丈夫なの?」「翔くんの負担が増えそうだね」――って、心配されたんですよ』

2017年8月26日～27日に放送された日本テレビ系『24時間テレビ40 愛は地球を救う 告白～勇気を出して伝えよう～』でKAT‐TUN亀梨和也、NEWS小山慶一郎と共にメインパーソナリティを務めた。「最初に上がってきた進行台本は、基本、回すのは俺になってたね。でもそれって、逆に日テレさんが俺に気を遣ってそうしてるんです。やっぱりジャニーズでは俺が一番上だし、〝仕切り役は櫻井に任せたほうが波風立たないんじゃない?〟……みたいに」――と明かす。異なるグループの3人ゆえに、外部では心配の声も上がっていたが「本番になったらバンバンと2人に割り振るから。ぶっちゃけ別々のグループの3人だからこそ、遠慮せずにそういうことが出来る。俺たちはプロですから」――それが櫻井翔の〝プロ〟としての矜持なのだ。

『貴族探偵』で共演した後輩Jr.に贈った〝あえて厳しい言葉〟

『『貴族探偵』の最終エピソードに出演が決まった時、
嬉しかったけどあえて厳しい言葉で接したんですよ。
アドバイスや連ドラに出る心掛けを聞いてきたから、
アイツには正面から――
「俺が〝頑張った〟とか〝苦労した〟とかって話をしてやったら、
お前が成長すんのか?」――って言ってやりました。
意地悪じゃないんです。
アイツにはその程度で終わって欲しくないから』

2017年4月クールに相葉雅紀が主演した、月9ドラマ30周年記念作『貴族探偵』。その最終エピソードで共演したジャニーズJr.の後輩〝ふぉ～ゆ～〟の辰巳雄大にあえて贈った厳しいセリフ。そこにはもちろん、先輩としての親心が込められていた。それが先輩からの〝後輩愛〟。そして役者・相葉雅紀もまた『貴族探偵』主演でひと回り成長した。

『志村どうぶつ園』13年目にして語った〝仕事に取り組む姿勢〟

『どんな仕事でも自分が嫌々やっていたら絶対におもしろくならないし、
観てくれている人の心にも残らない。
さらに最低なのは、
自分をその仕事に呼んでくれたスタッフさんを失望させること。
「もう2度と一緒に仕事したくない!」……って思わせちゃうこと』

相葉雅紀にとって、嵐でデビューしてから初のゴールデン番組単独レギュラーを務める『天才!志村どうぶつ園』。2004年の番組スタート以来、13年経って2017年当時に番組スタッフに語った自分のポリシー。「俺はどんな仕事だって、準備段階から笑顔で取り組むことが一番大切だと思う。そりゃあ中には〝(ヤバい。合わないかも)〟……って頭をよぎる仕事もあったけど、もしそう思っても、逆に〝だったら開き直って楽しめる道を探そう〟――ってパワーに変える。そうなんだよ、自分の気持ち一つで状況なんていくらでも変えられるんだよ」――もちろん『志村どうぶつ園』は、心から楽しんでいることがわかる番組だ。

映画『ラストレシピ ～麒麟の舌の記憶～』に出演した本当の(?)理由

『料理人役をやらせて頂くのは今回で3回目かな？
見習いからスタートして、遂に〝時空を超える天才料理人〟にまでなっちゃった』

2017年11月3日に公開された映画『ラストレシピ ～麒麟の舌の記憶～』。この映画で『熱烈的中華飯店』(2003年1月クール)、『拝啓、父上様』(2007年1月クール)に続いて3回目の料理人を演じた二宮和也。日本アカデミー賞受賞後初の主演映画だけに、さぞかし作品を選んだかと思いきや、「滝田洋二郎監督、原作が田中経一さん、そして企画が秋元康さんっていう作品、出ない選択肢はないでしょ。ただ本当の出演の決め手は、料理指導が服部幸應先生だったからなんだよね。美味しいケータリングとか、作ってもらえるかもしれないじゃん」――と笑う。もちろん〝ネタ〟に決まっているが、この映画で彼は、絶対音感ならぬ絶対味覚を持つ天才料理人・佐々木充を見事に演じ、日本アカデミー賞最優秀主演男優賞を受賞したに相応しい素晴らしい演技を見せてくれた。

『検察側の罪人』で共演した木村拓哉との共通点

『今回、嵐の中で俺が初めて木村クンと共演することになったんだけど、
7月初めにクランクインしてから、すぐに気づいたことが2つあったんですよ。
まず1つ目は、芝居に対するアプローチが似ていたこと。
実際にはクランクイン前の本読みの時から〝(やりやすいな～)〟と感じていて、
それがクランクインしてからハッキリした』

2018年公開の映画『検察側の罪人』で、木村拓哉と共演した二宮和也。SMAPが解散し、いち早くジャニーズ残留を表明した木村と、SMAPなき後、事実上のトップグループに押し上げられた嵐メンバーの共演は話題を呼んだ。2017年7月のクランクイン後、すぐに感じたのは「芝居に対するアプローチが似ていた」こと。「お互いに自分の中で台本を反芻してから来てはいても、いざ撮影になると、その瞬間の空気感や距離感を一番大切にして、現場でプランを変えることが普通だったってこと」――と話す。そしてもう一つ気づいたことは「とにかく外野がゴチャゴチャとうるさい。ジャニーズの先輩と後輩が共演してるだけの話なのに」――と、〝外野〟の騒音だったとか。

『僕らの勇気 未満都市 2017』出演で振り返った〝あの頃の自分〟

『今思うと〝当時の皆さんゴメンなさい〟って気持ちですけど、
昔の俺は「将来は〝職業・松本潤〟って名乗ってみたい」
……とか言ってたんですよね（苦笑）。
きっとどこかの本で、そういうフレーズを読んだんだと思います。
普段は矢沢永吉さんみたいに、自分のことを「松本は」って言ったりして、
明らかに方向性は間違っていたんだけど、それがカッコいいと思い込んでいたから』

1997年10月クールにオンエアされたドラマ『僕らの勇気 未満都市』に〝モリ〟役で出演した松本潤は、その20年後を描いた『僕らの勇気 未満都市 2017』（2017年7月オンエア）で再びモリ役を演じた。20年前を振り返って「将来は〝職業・松本潤〟って名乗ってみたい」とカッコつけていた当時の自分をカミングアウト。「それで努力が伴っていれば良かったんだけど、むしろ典型的に口だけ。そりゃあ滝沢クンも俺のこと、〝手に負えない糞ガキだな!〟って怒るワケだよ」――と自嘲気味に笑う。ちなみに、さらに20年後の『僕らの勇気 未満都市 2037』については、「俺が54歳で、相葉クンが55歳。ヤマトとタケル、いくつだよ? やっぱ無理だわ……」だそうだ。

SMAP解散後の嵐メンバーが胸に抱く〝自覚〟と〝覚悟〟

『たとえば嵐がジャニーズの中でどう見られているのかは、
だいたい想像がつくんですけど、
ジャニーズ外からはどう見られているか、知りたくないですか?』

2016年12月31日のSMAP解散後、名実共にジャニーズの顔、実質的な頂点に立った嵐。これまでずっとSMAPの背中を見ていた彼らだからこそ、その背中がいなくなった後の自分たちの対外的な評価を気にし始めた。「自分たちはジャニーズの顔に相応しいのか、どうか」――それが松本潤が語った「ジャニーズ外からはどう見られているか」の言葉に表れている。彼自身、そのことについて「否定はしませんよ。肯定もしませんけど」――と言う。しかし、この言葉の裏に透けて見えるように、この時すでに嵐メンバーは、ジャニーズの頂点を張る〝自覚〟と〝覚悟〟をシッカリと胸に抱いていたのだ。

嵐2018

大野智が意欲を燃やす〝15周年〟ソロツアー

『『VS嵐』も10周年ですもんね。

俺も2年前になるけど、〝個人的な10周年〟は何かやりたかったな～。

もう12年も前の話ですからね。

〝10周年ツアー〟は出来なかったけど、〝15周年ツアー〟はやってみたい。

また同じ会場で』

2018年に10周年を迎えた『VS嵐』。その収録現場で大野智が思い出すように呟いたのは、2006年1月29日からおよそ1ヶ月間で行われた、これまでで唯一の〝大野智ソロツアー〟。

2006年1月29日のZepp仙台を皮切りに、名古屋、大阪、札幌、東京、福岡と当時のZepp全店を約1ヶ月間で回る13公演のツアーだった。これに先駆け、1月14日のZepp名古屋からは櫻井翔の『Extra Storm in Winter'06〝THE SHOW〟』も行われた。

大野智ソロツアーのタイトルは『2006×お年玉／嵐＝3104円（サトシ）』。櫻井翔が〝THE SHOW〟とシンプルにキメているのに、さすがに微妙!?　もしも15周年で行うとすればタイトルは『2021×お年玉／嵐＝3104円（サトシ）』……？

〝嵐25周年〟に向けてリーダー大野智の〝懸念〟

『想定外(の人気)だよ。
相葉くん、大丈夫かな?』

2018年当時、番組スタートから5年半が経過し、相葉雅紀を〝日曜日の顔〟に押し上げたのがテレビ朝日系『相葉マナブ』。大野智が何を心配しているかというと、〝包丁王子〟や〝魚の目利き〟企画が、大野的には〝想定外の人気〟で、実家が中華料理店を経営している相葉クンの才能が〝包丁王子〟をきっかけに開化してしまったら「本腰を入れて料理人になるから嵐を辞める」と言い出すのではないか?……という心配。

2019年に20周年を迎え、さらに東京オリンピックが開催される2020年を終えた後のことを、リーダーとして当時心配していた。「あまりにも大きな節目や目標の先に、もしかしたら〝嵐の解散〟が待っているのではないか」――と。結果的には自身の申し出により〝活動休止〟となったが、2018年当時、大野自身が待望していたように、25周年は5人揃って『嵐』として迎えて欲しい。

『ぶっちゃけ監督にとって、
ずっと〝『YATTERMAN』が黒歴史にならないで〟――と願ってて、
まったく確信がないから、再会の握手をするまではガチでビビってましたもん。
9年ぶりだと俺も監督も9歳年を取っているわけで、
「さすがに今年で58歳なら、丸くなってたらいいな〜」みたいな』

2018年5月4日に公開された映画『ラプラスの魔女』。三池崇史監督がメガホンを取ったこの作品は、櫻井翔にとって映画の単独主演は『神様のカルテ2』から約4年ぶり、さらに三池監督とは『YATTERMAN〜ヤッターマン〜』から約9年ぶりの久々のタッグとなった。

主な出演者は、ヒロインの広瀬すずはじめ、高嶋政伸、檀れい、リリー・フランキー、豊川悦司と並ぶ豪華な共演陣相手に「すでに役者として不動の評価を得ている先輩たちとも、正面からやり合えた手応えを感じる。V6の岡田クンが映画の世界に腰を据えた理由が、改めてわかった気がしましたね」――と、改めて感じた〝映画の魅力〟を語っていた。

『ラプラスの魔女』出演で改めて感じた〝映画の魅力〟

〝King & Princeはオシャレなの!?〟—— 櫻井翔のギモン

『確かに俺はダサい……いや、ダサいと言われている。
そんな俺でもアイツらが黒のパンツに、
エメラルドグリーンやショッキングピンクならぬバイオレット、
光の当たり方で青に見えたり緑に見えたりの玉虫スニーカー履いてて、
それで〝オシャレ〟と言われても納得いかねえだろ。
誰か俺に教えてくれよ!』

『VS嵐』の収録の合間、櫻井翔がさかんに〝納得いかない〟と溢していたのは、この直後の2018年5月23日にCDデビューする〝King & Prince〟について。収録スタジオのロビーでばったり遭遇したPrinceの3人を見た彼は、〝Prince〟がジャニーズJr.でも一、二を争うオシャレなグループ〟の評判を聞いて、「アイツら今、黒いパンツに玉虫色みたいなスニーカーを履いてたぞ。あれがオシャレなの? 色合いもまったく合わないし、明らかにダサいだろ」——と、どうにも納得いかない様子。「個性を主張する前にオマエらの足元を見ろ。本当のファッションセンスは足元に出るんだからな」——そう言う櫻井クンの足元は〝蛍光イエローのスニーカー〟を堂々と履いていた……。

『相葉マナブ』で鍛えた〝目利き〟の悩み

『気がついたら、この4月で5周年になったんだよね。これまでレギュラーで5年以上やってるどの番組の5周年と比べても、信じられないぐらいアッという間に5年過ぎたのが、この番組』

2013年4月スタートした相葉雅紀にとって初めての冠番組『相葉マナブ』。あらゆる食材の〝旬〟に触れる機会を得て〝目〟と〝舌〟を鍛えてもくれた。しかし「この番組で学んだことを〝良くて35%ぐらい〟しか発揮出来ないことが、悔しくて仕方がない」——と言う。

その理由は、時間が経って割引になった食材を買えないから。「これは目利きを勉強してテレビで披露している人間の〝責任〟として、買っちゃいけない気がするんだよね。〝チョ〜高ぇー!〟と思っても買わなきゃいけない時もあるし、〝何コレめっちゃお得じゃん!〟と財布が大喜びしてるのに、その隣の割引シールが貼ってないヤツを買わなきゃいけない」

——それが〝目利き相葉雅紀〟の悩みなのだとか。

〝タッキー&翼解散〟——〝恩人〟滝沢秀明への感謝の気持ち

『滝沢クンが〝スーパーアイドル相葉ちゃん〟と付けてくれていなければ、俺はそもそも嵐にも入れなかったんじゃないか……』

2018年9月13日の朝——あまりにも唐突に発表された〝タッキー&翼の解散〟。15周年最後の日、9月10日に解散し、今井翼はジャニーズ事務所を退所、滝沢秀明は2018年いっぱいでタレント活動から引退した。1999年デビューの嵐と、2002年デビューのタッキー&翼だが、ジャニーズJr.時代から相葉雅紀にとっては永遠に〝兄き〟的存在だ。『8時だJ』(テレビ朝日系)でMCのヒロミから「スーパーアイドル相葉ちゃん」とイジられ、一気にJr.の中心メンバーになった彼だが、実はヒロミには滝沢から「相葉をこんな風にイジって欲しい」——と、リクエストが入っていた。だから相葉クンは当時も今も、滝沢クンへの恩を忘れない——。

映画『検察側の罪人』で共演した木村拓哉との〝新たな関係〟

『世の中にはね、本当にカッコいい人がいるんだよ。
もうそこにいるだけで、何もしなくたって、座ってるだけで、立ってるだけで。
俺なんかジャニーズに入る前から今まで、
その人のカッコいい伝説だけを頼りに生きてきたようなものだぜ。
まさかジャニーズ事務所に入って、こうして共演する日が来るとは思わなかった』

2018年8月24日に公開された映画『検察側の罪人』で念願の共演をした木村拓哉について語る。「〝木村クンと共演する〟って聞いて、最初は本気でドッキリだと思ったんですよね。だって〝あの〟木村拓哉ですよ？ もともと、年に5～6回、それもだいたい年末に集中する音楽番組と紅白歌合戦で会えるぐらいで……いや、〝会える〟ではなく少し離れたところから〝見かける〟レベルが精一杯（苦笑）。木村クンがお気に入りの後輩とめちゃめちゃ仲良くなるのは有名だし、俺もその内の1人になりたい」――そう願った二宮和也。映画がクランクアップした後、憧れの先輩とはプライベートでも会う親しい間柄になった。

『ブラックペアン』で見せた〝ダーク〟な一面

『人間の命がどう動いていて、
弱った心臓を助けるためにどんな工夫が施されているのか。
日進月歩と呼ばれる医学、医療の進歩がどう活かされているのか。
本当、見学させて頂いてなければ、
俺は〝渡海征司郎〟にはなれなかったかもしれない』

2018年4月ドラマ、日曜劇場『ブラックペアン』で〝オペ室の悪魔〟と呼ばれる、ダークヒーローの渡海征司郎を演じた二宮和也。ドラマの中でこだわっていたのが〝手術シーン〟。前年に撮影していた『検察側の罪人』で共演した木村拓哉から役作りのヒントをもらったという。以前、ドラマ『A LIFE 〜愛しき人〜』で心臓血管外科医を演じた木村は「外科医を演じる時は、自分の手さばきが本当に大切になってくる。俺は実際の手術映像を何十回も見ながら、同じように出来るまで家に籠って練習した」――とアドバイス。そこで〝本物の手術〟を見学させてもらったという。

このドラマで二宮和也は〝ダークヒーロー〟という新たな一面を見せてくれた。

『99.9―刑事専門弁護士―SEASONⅡ』――松本潤〝30代の代表作〟に

『今回の『99.9』が歴史ある日曜劇場枠100作目の記念作品になること、
しかもその長い歴史上、わずか2作目の続編ということで、
〝これは松本潤、やらなきゃ男が廃るよね?〟的なきっかけで、
ぶっこみに来たわけですよ』

2018年1月クールにオンエアされた日曜劇場『99.9―刑事専門弁護士―SEASONⅡ』。2016年4月クールにオンエアされた『SEASONⅠ』は、全10話のリアルタイム平均視聴率で17.2%の好視聴率を叩き出した。『SEASONⅡ』のリアルタイム平均視聴率は17.6%とSEASONⅠ超え。〝やらなきゃ男が廃る〟と意気込みを語っていた松本潤は、彼がそれまで演じてきた恋愛ドラマのキャラクターとは対極にいる〝おやじギャグマニアの変人弁護士・深山大翔〟を見事に演じ切った。

『花晴れ』でキンプリ平野紫耀へ贈ったメッセージ

『確かに『花男』の続編で舞台も同じだけど、そこをあえて無視して、自分らの『花晴れ』、自分らの〝C5〟を作るべきだ』

2018年4月クールのドラマ『花のち晴れ～花男 Next Season～』に主演したKing & Prince平野紫耀へ贈ったメッセージ。自身の代表作『花より男子』の続編でも「それを無視して新たな世界を作れ」と言った真意とは――「そうやって自分が信じて自分の道を行かないと、後ろには何の〝爪跡〟も残せない。少なくとも俺や嵐は、他人を信じなくても自分は信じたもん」。平野にアドバイスを贈るにあたって、『花晴れ』の単行本を大人買いし、中身を把握した上でメッセージを贈った。「自分も年令が30代の真ん中になって、どんどん若いJr.との接点がなくなっていく中、平野のような活きのいい若手の役に少しでも立てれば、俺も嬉しいから」――と語った松本潤の想いは、間違いなく平野の胸に届き、『花晴れ』でしっかりと〝爪跡〟を残してくれた――。

〝活動休止〟の先に見据える〝新しいステージ〟

『一つだけ言えるのは、これまでやりたくても時間的に難しかったり、
嵐のメンバーとしてテレビに出ているから無理だったこと、
そういう頭の中だけで空想してきた〝自由な自分〟の姿は、
心と体が自由を体験するからこそ、
初めて新しいステージのドアを開けられるに違いない――ってことなんです。
そういうワクワク感は今から感じていて、
もちろんその先には〝新生〟嵐のメンバーが、
ファンのみんなと一緒に待ってくれていると思います』

活動休止からの〝復帰〟を念頭に置いた大野智の言葉。「誰だって自由が欲しいのは当たり前だし、でもだからといって、いざ自由になったら100%、120%それを楽しむことが出来るかどうか?……正直なところ自由になってみないとわかりません」

――とも。

〝嵐活動休止〟──大野智が語った本音

『10周年までがあまりにも強烈だったから、
俺の中で〝嵐の大野智〟が完結してしまった。

本音を言えば──

「嵐を休みたくなった」

──それが一番大きな理由』

20周年を迎える直前、大野智は言葉を選びながらこう語った。「嵐ってデビューから2~3年の頃は〝一発屋〟の匂いしかしなかったし、まさに俺ら自身が嵐の中を進んできた感覚で、もうめちゃくちゃ山あり谷ありの末に10周年に辿り着いたじゃないですか。だからすごく大変なことを成し遂げた充実感や達成感があって、しかも俺個人としても個展をやらせてもらった後だったから、10年どころか一生分の人生を生きた感覚だったんです。それから15周年、20周年と5年ごとの節目でいろいろと考えてもらえるタレントになって、ファンのみんなにも感謝を返せるようになれた。でも10周年までがあまりにも強烈だったから、俺の中で〝嵐の大野智〟が完結してしまった」──と。

リーダーを想う櫻井翔の気持ち

『たぶん、これまで嵐の中で誰よりも孤独だったのはリーダーなんだよ。
だから俺はリーダーが、
「活動をいったん辞めて人生をリセットしたい」——と言い出した時、
感情論的にはそれを認めてあげたい気持ちのほうが強かったんだよね。
自分に照らし合わせて考えてみても、他人を巻き込む重大な結論。
そしてその意志を貫くには相当な覚悟が必要で、
おそらくそれはあまりにも孤独な環境をリーダーに与えたに違いない』

リーダー大野智を想う櫻井翔の気持ちが詰まっている言葉。「でもさ、だからこそ俺はリーダーに『心配するな。俺たちが〝希望〟になるから』って伝えたい。たとえどんなに孤独でも、リーダーが前を向いて顔を上げさえしてくれれば、『そこには俺たちが立って待っているからな』ってね」——それが櫻井翔、そして嵐メンバー全員の想いなのだ。

〝活動休止後の嵐〟について

『2021年1月1日以降、
俺たち4人がもっともっと輝かないと、
リーダーが戻ってくる気をなくしちゃう。
もし俺たちが輝いていないと、きっとリーダーは――
〝最近の嵐、あまりカッコよくないから戻りたくない〟
……なんて言いそうじゃん?
どうしても戻りたくなるように、カッコいい俺らでいないとね!』

活動休止後の自分たちの活動についてそう語った櫻井翔。
そう、彼らはこれからもずっと輝き続けてくれるはずだ。

〝嵐復活〟を信じる相葉雅紀の信念

『俺はこれから先も、ずっと「嵐が大好き」——っていう、
自分自身の気持ちとその力を信じて、
〝希望の光〟をファンのみんなのために灯していきたいと考えてます。
俺がそれを出来なくなったら、
そのときは〝嵐の復活を諦めてくださいね〟……ぐらいの気持ちでいますから。
もちろんそんなことはあり得ないし、いつまでも希望の灯りは消えません』

「こうして胸を張って言えるのは、俺ら5人が〝どんだけピンチを乗り越えてきたと思ってんだよ！〟——と言えるから。世間が嵐をどう見てるか知んないけど、ファンのみんなには俺のセリフの意味が見えてるはず」——と言う相葉雅紀。

〝セリフの意味が見える〟とは相葉流の表現だが、言わんとしていることは伝わっているに違いない。「希望を捨てない、諦めないために必要なのは、嵐の5人を最後まで信じる気持ちなのだ」——と。

活動休止を前に語った相葉雅紀の〝決意〟

『これからはもっともっと強くならなきゃいけないし、
何事にも動じない男にならないと。
リーダーに「やっぱりすぐに嵐に戻りたい」と思ってもらえないもんね。
一人で頑張る期間のために、まずは小さいことを気にする性格を直す。
そうだよ、大きいことは「何とかなるんじゃね？」――ってスルー出来るのに、
小さいことをスルー出来ないの……〝逆だろ！〟みたいな（笑）。
これからもいつも笑っていられるように、みんなを笑顔に出来るようにね』

そう、相葉雅紀の笑顔には、みんなを幸せな気持ちにする〝魔法の力〟があるのだから――。

〝次のステージ〟に進むために──

『今回の俺たち5人の決断は、
俺らとファンのみんなが〝次のステージに進む〟ためにどうしても必要な試練で、
「それは避けようとしても避けられないものなんだ」
──という話に過ぎないのだと。
これまで俺たち5人とファンのみんなは、
10年かけて一つのステージを描いてきたわけで、
さすがにそれだけの年月が経過すれば、いろんなところにガタが来るし、
ひとまず幕を閉めて「修理しましょう」っていうのが今回の活動休止……みたいに』

二宮和也が言うように、今回の活動休止は〝次のステージに進むため〟に必要な試練。再び5人揃って〝嵐第二幕〟が上がるときには、ワクワクするほど希望に満ち溢れた嵐でいるに違いない。「だからワクワクしながら、楽しみに待っていて欲しいんだよね。次のステージの上は、ビッシリと〝希望の芽〟で埋め尽くされているから」

──力強くそう語った。

二宮和也が描く〝2023年嵐復活〟のシナリオ

『たとえばリアルで言うと、
全員が40代になるのは2023年で、
俺たちが2年間の活動休止から
「『ピカ☆☆☆ンチ』で戻ってきました！」
――みたいな設定をリンクさせるとおもしろそうでしょ。
……ほら、すぐに画が浮かぶじゃん』

二宮和也が「ただの思いつきだけどね」と前置きして話した〝嵐復活〟のシナリオ。2023年『ピカ☆☆☆ンチ』が今から待ち遠しい！

『24時間テレビ42』メインパーソナリティに懸ける想い

『新しい年号に相応しい内容にだけは、どうしてもしなきゃいけないね。
5回目の嵐だからこそデッカい企画がやれるんじゃないかな。
俺たちのフィールドに、俺たちの誇りを持って立つ。
何かサッカーの日本代表みたいだけど、
でもその姿をKing & Princeの胸に刻んでもらって、
誇りと魂を引き継いでもらいたい』

2019年8月24日〜25日に放送された『24時間テレビ42　愛は地球を救う』でメインパーソナリティを務めた嵐。番組出演にあたり松本潤が語った決意。その想いは、後輩たちにシッカリと受け継がれていくはずだ。

2021年からの活動について――

『〝嵐が活動を休止する2021年以降に何をするのか?〟ってよく聞かれるけど、
実際には「なってみないとわからない」――としか答えようがなくて、
それは俺だけじゃなく、みんなそうだと思うよ。
でも一つだけ言えるのは、
どうせなら経験したことがない仕事でみんなを驚かせてはみたいかな』

2021年1月1日以降の自分について「どうせなら経験したことがない仕事でみんなを驚かせてみたい」――と語った松本潤。果たしてどんな新たな仕事でアッと言わせてくれるだろうか。そして、その経験は間違いなく〝嵐復活〟へのパワーとなるはずだ。

嵐2020

大野智が〝嵐を辞めよう〟と思ったきっかけ

『成功の反対は失敗ではなく〝何もしない〟こと。
だから俺は、成功するために〝嵐を辞めよう〟と思ったんです』

今だから明かせる、大野智が〝清水の舞台〟から飛び降りる決意をしたきっかけのセリフ。成功するために〝嵐を辞める〟という行動を起こした大野智。2020年いっぱいでの〝活動休止〟が決定した今、彼は何を想うのだろうか――。

大野智が想う〝嵐の大野智〟

『思えば〝嵐の大野智〟は、
その半分ぐらいが〝不便な時間〟にどう向き合うかの戦いだった』

ファンにとっては辛いセリフかもしれないが、しかし大野智が不便な時間と向き合い、戦ってこれたのは〝ファンを楽しませるため〟だったのも事実。来年以後、〝素の大野智〟に戻る彼は、果たしてどんな時間と、どう向き合うのだろう——。

「嵐を全うする」――櫻井翔の真意

『「嵐を全うする」――って、
実はずっと使いたかったフレーズなんです。
それはきっと、みんなで活動休止を決める以前から』

二宮和也の結婚に際し、公式コメントを出した櫻井翔のセリフ。
「これからも（2020年12月31日まで）嵐を全うする」――
とした、その真意とは?……それはきっと、これから5人が
答えを示してくれるはずだ。

櫻井翔に訪れた〝嵐の将来を模索する〟時間

『自分たちの将来をあれこれと模索する時間って、
実は意外にも幸せだったんですね。
俺、大学生以来で味わえましたよ』

「人間は夢を語り、その夢を叶えるための計画を立てている時間が幸せだ」

――そう語る櫻井翔。確かに夢は叶う前のほうがワクワクするものだが、大野智の申し出をきっかけに、嵐の将来を模索していた時間も、ある意味では彼にとって幸せだったのかもしれない。果たして櫻井翔が見出した〝嵐の将来〟とは……?

相葉雅紀が心に刻むポリシー

『メンバーに対してもファンに対しても〝嘘〟を言いたくないのは、
本当のことを信じてもらえなくなることが恐いから』

2度の入院生活を経験し、現場から離れる恐怖を味わっている相葉雅紀。その入院生活よりも怖い〝活動休止〟を前に、心に強く刻んでいるポリシーがこのセリフだ。

相葉雅紀の流儀

『いきなりベストを狙うんじゃなく、
ベターの積み重ねが〝ベスト〟につながるんだと俺は思うな』

いきなり自分の能力を超えたフィールドで勝負をするのではなく、
コツコツと積み重ねてベストに辿り着くことが相葉雅紀の流儀。
そうしてベターを積み重ねて、今の彼がある。そしてこれからも、
相葉雅紀はベターを積み重ねていく――。

二宮流〝相手の本音を引き出す〟コツ

『俺って〝相槌〟のタイミングが絶妙なの。
だから本音を引き出せるの』

2021年以降は「インタビュアーにも挑戦したい」——と言う二宮和也。

その根拠と自信にしているのが〝相槌〟だった。相手の本音を引き出す〝インタビュアー・二宮和也〟をぜひ見てみたい。

二宮和也が駆使する交渉術

『交渉を上手く進めるためには自分の要求を小出しにして様子を窺い、半分までで〝これがすべて〟と思わせるのがテクニック。相手のＯＫを引き出せれば、こっちのものだから』

ジャニーズ事務所上層部に結婚を認めさせるため、二宮和也の大きな武器になったのが、この〝交渉術〟。しかしこれ、木村拓哉からの１００％受け売りだとか。

〝本当の人格を見極める〟松本潤の判断基準

『メンバー5人、それぞれで笑いのツボが違う。
でもそのおかげで、実は人が〝どんなことで笑うか〟を見れば、
性格以前、それぞれの人格を分析することが出来ることに気づいたんだ』

単純な笑いからシニカルな笑いまで、人がどんなことに反応するかで「本当の人格がわかる」という松本潤。特に嵐の〝活動休止宣言〟以降、周囲に集まる人を〝より深く観察して〟判断する材料にしているそうだ。

〝嵐20年間〟を振り返った松本潤の心境

『嵐が20年間で勝ち取った栄光や名誉なんて、
ほんの一瞬の油断でパーになるレベルに過ぎない。

それをわからない時点で、

「お前の20年間は何だったんだよ?」

……と言われても仕方がないよね』

かなりストレートかつ辛辣なセリフだが、誰かに言ったわけではなく、あくまでも自分自身に自戒を込めた一言。〝嵐20周年〟を振り返って語った松本潤の本音。

ARASHI Chronicle 2010-2020

エピローグ

いかがでしたか?

2010年から2020年まで――15周年、そして20周年を迎えた嵐。

当時のエピソードや嵐5人のフレーズから〝あの頃の嵐〟の思い出が蘇ってきたのではないでしょうか。

特に15周年あたりからは、あまりにも時間が経つのがアッという間すぎて、つい昨日のことのように感じられたかもしれません。

それだけ嵐と過ごしてきた時間は、ファンの皆サンにとっても、嵐5人にとっても〝濃密な時間〟だった証なのでしょう。

2018年からは、デビュー20周年5大ドームツアー『ARASHI Anniversary Tour 5×20』を開催した嵐。

このツアーでは東京ドームでの16回の公演をはじめ、嵐史上最大規模のツアーを行い、総動員数はなんと2,375,000人にも及びました。

まさに〝国民的アイドルグループ〟に相応しいスケールの20周年を迎えた嵐ですが、そんな彼らの雄姿を見ることが出来るのも、あと少し。

すでに1年を切った活動休止までの期間に、嵐の5人はファンの皆サンにどんな思い出を残してくれるでしょうか。

きっと、この本のエピソードにもあるような、忘れられない素敵な思い出を残してくれることでしょう。

そして彼らは再び〝5人の嵐〟として、私たちの前に戻ってきてくれるはず。

いつかきっとやって来る〝嵐第二幕〟の幕開けを信じて。

皆サンと彼ら5人の〝嵐ヒストリー〟は、これからも続いていくのですから――。

〔編者〕
スタッフ嵐（スタッフあらし）

元民放テレビ局ディレクターをはじめとする、元番組制作スタッフ数名で構成されるフリージャーナリスト集団。嵐とはかつて仕事上で交流を持つとともに、周辺スタッフとも関係を構築。彼らの持つネットワークを通して、嵐と交流のある現場スタッフを中心に取材を敢行し、嵐自身が語った言葉と周辺スタッフから見た５人の素顔を紹介したエピソードBOOKを多数上梓している。
主な著書に『嵐 ARASHI Chronicle 1999→2009』（太陽出版）がある。

嵐 ARASHI Chronicle 2010→2020

2020年3月22日　第1刷発行

編　者…………… スタッフ嵐
発行者…………… 籠宮啓輔
発行所…………… 太陽出版
東京都文京区本郷4－1－14　〒113-0033
電話03-3814-0471／FAX03-3814-2366
http://www.taiyoshuppan.net/

デザイン・装丁… 宮島和幸（ケイエム・ファクトリー）
印刷・製本……… 株式会社シナノパブリッシングプレス

ISBN978-4-88469-993-2

ARASHI Chronicle 2010-2020